Ángeles En La Tierra

Historias reales de personas que han tenido experiencias sobrenaturales con un ángel

DIANA BAKER

Copyright © 2014 Diana Baker

Copyright © 2014 Editorial Imagen.
Córdoba, Argentina

Editorialimagen.com
All rights reserved.

Todos los derechos reservados. Ninguna parte de este libro puede ser reproducida por cualquier medio (incluido electrónico, mecánico u otro, como ser fotocopia, grabación o cualquier sistema de almacenamiento o reproducción de información) sin el permiso escrito del autor, a excepción de porciones breves citadas con fines de revisión.

CATEGORÍA: Vida Cristiana/Inspiración

Impreso en los Estados Unidos de América

ISBN-10:
ISBN-13:

Índice

Los ángeles 1
Una visión general sobre el tema de los ángeles en la biblia 3
Relatos de encuentros con ángeles 13
¡Un regalo gratis para ti! 133
Más libros de interés 141

Los ángeles

Este libro no pretende ser un estudio exhaustivo de los ángeles según la Biblia – hay muchos libros que tratan ese tema. Los ángeles son tan reales y la mayoría de las personas han tenido por lo menos una experiencia sobrenatural o inexplicable. Aunque algunas personas no son conscientes de que un ángel ha estado involucrado en esa experiencia, la mayoría sí se da cuenta de lo que realmente ha ocurrido. Luego ese recuerdo de lo sobrenatural o inexplicable queda archivado en el recuerdo y muchas veces no surge la oportunidad de compartir esa experiencia inolvidable y trascendente. Y la verdad es, que hace mucho bien compartirlo con otros porque son motivo de aliento y estímulo y aumenta la fe.

El mundo se está convirtiendo cada vez más violento. La violencia es lo que vemos todos los días en la televisión, en las series y aún en las noticias. El cine también elige la violencia como su tema preferido o la utiliza en la mayoría de películas. La violencia es una fuerza negativa y no beneficia a nadie.

Cuando somos expuestos a lo opuesto, cuando somos expuestos al bien, a la bondad y misericordia, es un refrigerio. La bondad nos aleja de un mundo violento y nos muestra el ambiente del cielo donde allí sólo existe lo bueno. El mundo espiritual es real y a través de los siguientes relatos es mi deseo de que te sientas más cerca del cielo y al Ser Soberano que te formó – pues toda vida inicia en el corazón de Dios. Todos los relatos que cuentan la experiencia personal con un ángel son verídicos. Algunos nombres y lugares se han cambiado.

Una visión general sobre el tema de los ángeles en la biblia

Las referencias a "ángel" o "ángeles" en la Biblia.

En el Antiguo Testamento se hace referencia 117 veces en 108 versos.

En el Nuevo Testamento se hace referencia 182 veces en 172 versos.

Hay personas que no creen en los ángeles, ni en el cielo ni el infierno. La Biblia hace referencia a un ángel o ángeles unas 300 veces. Y si lees los relatos verás que ellos tienen una tarea específica. No aparecieron al azar ni por casualidad sino que tenían una misión específica que cumplir. Saben cuando tienen que aparecer, dónde tienen que aparecer y cómo.

Se hace mención de la siguiente manera:

* el ángel del Señor

* el ángel de Dios y un ángel de Dios
* su ángel
* un ángel
* ángel mío
* ángel del cielo
* ángel fuerte
* ángel del abismo (Apollyón | Abaddón)
* ángel poderoso
* santos ángeles
* el diablo y sus ángeles
* el arcángel
* el arcángel Miguel
* Miguel y sus ángeles
* Gabriel
*ángel de la luz (refiriéndose a Satanás)

¿Cuál es el propósito de Dios para los ángeles?

"¿No son todos los ángeles espíritus dedicados al servicio divino, enviados para ayudar a los que han de heredar la salvación?" Hebreos 1:14

Los ángeles han sido creados por Dios para llevar a cabo Sus designios, Sus planes y Su voluntad. Ellos sirven a Dios y le obedecen. También aclara este versículo, que Dios además, los envía para ministrar y ayudar a los que aceptan a Jesús como su Salvador, quienes serán herederos de la salvación y del cielo y la vida eterna.

Dios ha creado los ángeles para que lleven a cabo Su perfecta voluntad. No podemos conocer ni entender todo lo que esto significa porque aún estamos en la tierra y sujeta a sus límites.

Hay muchas tareas que realizan los ángeles. Ellos entregan mensajes, son enviados para dar una explicación o el significado de alguna visión, para dar dirección y orientación, para protección o para llevar a cabo la disciplina de Dios; algunos son guerreros, y otros se dedican a la adoración y la alabanza de Dios Todopoderoso.

¿Qué aspecto tienen los ángeles?

Los ángeles tienen diferentes aspectos, como también hay diferentes rangos de ángeles. Algunos tienen alas. Los querubines y serafines tienen alas. En la tierra, por lo general toman el aspecto de un ser humano. Pero esto es momentáneo.

¿Cuántos ángeles hay?

Hay sólo unos pocos pasajes de las Escrituras acerca de los números de los ángeles.

"Los carros de Dios se cuentan por veintenas de millares de millares;

El Señor viene del Sinaí a su santuario. Salmo 68:17

"Un río de fuego procedía y salía de delante de él; millares de millares le servían, y millones de millones asistían delante de él; el Juez se sentó, y los libros fueron abiertos." Daniel 7:10

Jesús dijo: "¿Acaso piensas que no puedo ahora orar a mi Padre, y que él no me daría más de doce legiones de ángeles?" Mateo 26:53

"...sino que os habéis acercado al monte de Sion, a la ciudad del Dios vivo, Jerusalén la celestial, a la compañía de muchos millares de ángeles." Hebreos 12:22

En el versículo de Mateo, Jesús dice que su Padre podría enviar más de 12 legiones de ángeles. Se dice que una legión consistía ente 3,000 a 5-6,000 hombres. Por lo tanto Jesús se refería a unos 36,000 a 72,000 ángeles. En los demás versículos la referencia es a una cantidad tan grande que son innumerables.

Se mencionan solamente dos ángeles por sus nombres: Miguel y Gabriel Miguel

"Mas el príncipe del reino de Persia se me opuso durante veintiún días; pero he aquí Miguel, uno de los principales príncipes, vino para ayudarme, y quedé allí con los reyes de Persia." Daniel 10:13

"Pero yo te declararé lo que está escrito en el libro de la verdad; y ninguno me ayuda contra ellos, sino Miguel vuestro príncipe." Daniel 10:21

"En aquel tiempo se levantará Miguel, el gran príncipe que está de parte de los hijos de tu pueblo; y será tiempo de angustia, cual nunca fue desde que hubo gente hasta entonces; pero en aquel tiempo será libertado tu pueblo, todos los que se hallen escritos en el libro." Daniel 12:1

"Pero cuando el arcángel Miguel contendía con el diablo, disputando con él por el cuerpo de Moisés, no se atrevió a proferir juicio de maldición contra él, sino que dijo: El Señor te reprenda." Judas 9

"Después hubo una gran batalla en el cielo: Miguel y

sus ángeles luchaban contra el dragón; y luchaban el dragón y sus ángeles;" Apocalipsis 12:1

Podemos ver en estos versículos que Miguel es un guerrero. Un mensajero del cielo fue enviado a Daniel para darle a conocer las cosas que habían de venir. Este mensajero fue demorado por el rey de Persia y Miguel fue enviado para ayudarle a poder cumplir su misión.

También vemos que Miguel lucha contra el "dragón" en el cielo.

Gabriel

"Y oí una voz de hombre entre las riberas del Ulai, que gritó y dijo: Gabriel, enseña a éste la visión." Daniel 8:16

"...aún estaba hablando en oración, cuando el varón Gabriel, a quien había visto en la visión al principio, volando con presteza, vino a mí como a la hora del sacrificio de la tarde." Daniel 9:21

En el libro de Daniel vemos que Daniel tuvo una visión y deseaba conocer su significado. Gabriel fue enviado a Daniel para darle a conocer el significado de su visión. Gabriel en otra oportunidad vino a Daniel para darle a conocer de los tiempos que habían de venir. Se dice que Gabriel voló rápidamente.

Gabriel también apareció a Zacarías para darle la gran noticia de que su esposa Elizabeth le daría un hijo y debían llamarle Juan.

"Respondiendo el ángel, le dijo: Yo soy Gabriel, que

estoy delante de Dios; y he sido enviado a hablarte, y darte estas buenas nuevas." Lucas 1:19

Cuando Elizabeth tenía seis meses de embarazo Gabriel fue enviado por Dios a Nazaret para darle la mejor noticia a María. Sería la madre de Jesús, ¡Hijo de Dios Altísimo! También le avisó de que su prima Elizabeth también iba a tener un hijo.

"Al sexto mes el ángel Gabriel fue enviado por Dios a una ciudad de Galilea, llamada Nazaret." Lucas 1:26

No debemos adorar a los ángeles

"Y el ángel del Señor respondió a Manoa: Aunque me detengas, no comeré de tu alimento, mas si preparas un holocausto, ofrécelo al Señor. Y Manoa no sabía que era el ángel del Señor." Jueces 3:16

En este versículo vemos que el ángel le advirtió a Manoa que sólo debía ofrecer un sacrificio al Señor. El mismo no debía recibir esa honra.

Pablo, escribiendo a los colosenses les advierte expresamente que no debían adorar a los ángeles.

"Nadie os defraude de vuestro premio deleitándose en la humillación de sí mismo y en la adoración de los ángeles, basándose en las visiones que ha visto, hinchado sin causa por su mente carnal." Colosenses 2:18

Y Juan quiso adorar al ángel pero fue impedido y advertido que sólo se debía adorar a Dios.

"Yo, Juan, vi y oí todas estas cosas. Y después de

verlas y oírlas, me arrodillé para adorar al ángel que me las mostró, pero él me dijo: ¡No lo hagas! Adora a Dios, pues todos somos servidores de él: tanto tú como yo, y los profetas y todos los que obedecen la palabra de Dios." Apocalipsis 22:8,9

Nuestro ángel guardián

Dios le dice a Moisés cuando éste se prepara para llevar el pueblo hebreo a un lugar nuevo que "su ángel iría delante de él."

"He aquí que yo envío mi ángel delante de ti, para que te proteja en el camino y te lleve al lugar que te he preparado. Préstale atención y obedécelo. No te rebeles contra él, porque va en representación mía y no perdonará tu rebelión." Éxodo 23:20,21

El ángel iba delante de Moisés para guiarlos y protegerlos. Cuando alguien te guía, te evita equivocarte y errar, te da el mejor camino y un camino seguro.

En Mateo 18:10 de la Biblia leemos:

"Mirad que no menospreciéis a uno de estos pequeños, porque os digo que sus ángeles en los cielos ven siempre el rostro de mi Padre que está en los cielos."

La versión Traducción Al Lenguaje Actual lo traduce de esta manera:

"Recuerden: no desprecien a ninguno de estos pequeños, porque a ellos los cuidan los ángeles del cielo."

Los comentaristas afirman que la palabra 'pequeños' no se refiere tan solo a niños sino a todo el pueblo de Dios en general.

¿Qué significa "ven siempre el rostro de Dios"?

Quiere decir que estos ángeles tienen acceso permanente a Dios, están en continua comunicación con Dios. Si te pones a pensar en esto, es demasiado grande para entenderlo en su totalidad - que el soberano Dios quiera tener cuidado de nosotros y asigna un ángel o ángeles para velar por nosotros y cuidar de nosotros.

Podemos ver otros dos pasajes, Salmo 34:7 y Salmo 91:9-12.

Salmos 34:7

"El ángel del Señor acampa alrededor de los que lo temen y los defiende. El ángel del Señor acampa alrededor de los que le temen, y los rescata."

¿Quién es "el ángel del Señor"? Es el representante celestial de Dios, Su mensajero, enviado para llevar a cabo Su voluntad sobre la tierra.

La frase "acampa en derredor" habla de la seguridad por la cual el Señor rodea a su pueblo, individual y colectivamente.

En el Salmo 91 leemos que los ángeles son enviados para protegernos.

"Porque tú confiaste en el Señor e hiciste que el Altísimo fuera tu protección, nada malo te sucederá, no ocurrirá ningún desastre en tu casa; porque él dará orden a sus ángeles para que te protejan a dondequiera que vayas. Ellos te levantarán con sus manos para que ninguna piedra te lastime el pie." Salmo 91:9-12

Esta es una hermosa promesa de Dios para aquellos que han puesto su confianza en Dios. Podemos estar seguros de que Dios vela por nosotros y envía Su ángeles a guiarnos y protegernos y no hay razón por estar alarmados. Él conoce todo de nosotros.

Muchas personas han comprobado la veracidad de estos versículos y han experimentado el cuidado y la protección de Dios. No siempre es fácil contar a otros estas experiencias; a veces por la incredulidad de los oyentes porque el relato no se puede entender por la lógica debido a que lo ocurrido es sobrenatural y eso quiere decir que no se puede entender con nuestra mente. Ha habido una intervención fuera de nuestra capacidad intelectual. Y sólo se puede aceptar por fe. Muchos adultos tienen problema con la fe. Porque para tener fe tenemos que dejar a un lado nuestra inteligencia y hacernos simples como un niño y simplemente creer lo imposible. Pero es justamente a ese punto que nos quiere llevar Dios...porque Él dice que sin fe es imposible agradarle. (Hebreos 11:6) Dios permite situaciones para provocar fe en nosotros y así tener una relación más íntima con Él. Sí, Dios Todopoderoso y Soberano desea humillarse y hacerse conocer por el ser humano y ser íntimo amigo de él. No es religión. Es una relación de dos personas aprendiendo a conocerse...empezamos aquí en la tierra y se continúa en el cielo, por toda la eternidad.

Una experiencia sobrenatural

En los libros de la Biblia, leemos muchas historias de ángeles y su intervención entre Dios y el hombre. Vemos a los ángeles en las historias de la Biblia, como mensajeros, protectores, destructores, guías y sanadores.

Espero que disfrutes leyendo esta colección de historias verídicas de ángeles. A menudo se describe a los visitantes como humanos en apariencia. Por lo general llevan un mensaje o asistencia de algún tipo a la gente. En las historias, podemos ver que la experiencia vivida siempre produce un cambio grande en la vida de la persona que experimenta tal dramático acontecimiento.

Muchas de las historias hablan de misteriosos visitantes que vienen a menudo en un momento de necesidad, aparecen de la nada, proporcionan ayuda y luego se van tan rápido como aparecieron, todo ello sin ninguna indicación de que son visitantes espirituales. Su apariencia y lenguaje parecen tan naturales, como uno esperaría al ver otro ser humano. No hay explicación de lo ocurrido porque verdaderamente son visitas sobrenaturales.

Relatos de encuentros con ángeles

Mi propio relato

Empezaré esta sección de relatos con mi propia experiencia.

Solía levantarme temprano, aún antes de despertar a mis hijos para despacharlos a la escuela. Me levantaba para orar. Tomaba una pequeña alfombra y me arrodillaba sobre ella y apoyaba mi cabeza sobre la alfombra. A menudo me sentía cansada aún y no podía decir mucho por lo que sentía muchas veces que no lograba nada. Aún así, lo seguía haciendo porque sentí que esto es lo que Dios pedía de mí y yo quería ser obediente y agradarle.

En este día del relato, era domingo así que no había prisa para levantarse; y era verano así que ya era de día aunque aún era muy temprano. Mi madre estaba de visita.

Mientras estaba orando escuché que alguien se levantó para ir al baño pero luego hubo silencio nuevamente.

Más tarde mi madre me preguntó quién era el joven que había estado arrodillado en la cocina. ¿Joven? pensé yo. Qué raro que me confundiera con un joven. Luego me describió cómo estaba vestido, con una camisa, pantalones claros y un cinturón. (Yo tenía puesto mi camisón) Pero había más. Cuando le pedí que me describiera cómo lo vio me dijo que estaba arrodillado con la cabeza tocando el suelo y mirando hacia la ventana – ¡su cabeza estaba en la posición opuesta a la mía!

Entendí que mi madre había visto un ángel y era la manera de que Dios me hacía saber que mi oración sí lograba algo, que no era tiempo perdido y que le agradaba.

LA AUTORA

Tal vez el relato de una experiencia con un ángel que más me ha impresionado es la siguiente.

La caracola de mar

Nuestro viaje al mar a fines de Agosto de 1998 iba a ser unas pequeñas vacaciones para mi esposo, Brendon, nuestro hijo Dennis de 11 años y yo. También había invitado a Graciela, mi amiga desde la infancia, y su familia. Poco después de llegar al hotel con vistas al mar, Graciela me invitó a dar un paseo, sólo nosotras dos. Ese paseo cambió mi vida para siempre.

Graciela se había dado cuenta que algo me estaba preocupando. Habíamos sido amigas desde la escuela y nos sentíamos en libertad de hablar sobre cualquier tema. Mientras caminábamos sobre la playa, juntábamos caracoles y tirábamos piedritas hacia las grandes olas. Le conté a Graciela:

- Siempre quise dos hijos pero nada nos ha dado resultado, ni las operaciones, ni las drogas de fertilidad. Ha sido un verdadero milagro que pude tener a Dennis. - Graciela se alejó de una ola para no mojarse y dijo:

- No te desesperes. Aún tienes tiempo. Sólo tienes treinta y nueve años.

Al retirarse la ola de la arena, la dos nos agachamos para levantar una caracola grande que había traído el mar. La tomé yo y Graciela se acercó para ver más de cerca el hallazgo. Abrí la mano y ella dio vuelta la caracola en la palma de mi mano.

Soltamos un grito sofocado. Grabado en la caracola se veía la imagen de un ángel. Acurrucado en sus brazos había un bebé.

- He visto muchas caracolas – dijo Graciela – pero nunca con un ángel abrazando un bebé. Envolví mis dedos alrededor de la caracola de unos 15 centímetros. Y lo acerqué a mi pecho.

Guardé la caracola sobre la mesita de luz en mi casa. Todas las noches la sostenía y sentía la textura de la grabación mientras oraba por otro hijo. Luego pude distinguir otras imágenes en la caracola, el rostro de Jesús mirando hacia abajo a un bebé en su cuna y una paloma sobre la cabeza del ángel.

Un miércoles por la tarde en octubre recibí una llamada telefónica.

- Hablo con la Sra. Black? - escuché la voz de una joven. - No nos conocemos pero mi tía Jackie solía trabajar para usted, Jackie Mason.

Recordaba a Jackie con cariño. Había trabajado en una tienda de regalos que Brendon y yo habíamos tenido más o menos al mismo tiempo cuando quería quedar embarazada. Había abierto mi corazón a Jackie y le conté de mis ansias de tener un bebé.

- Claro que recuerdo a Jackie – le dije. - ¿Ella está bien?

- Sí, pero no estoy hablando por eso.

Entonces la joven me contó que tenía 17 años, era soltera, vivía en Denver (Colorado, Estados Unidos, a unos 2.400 kilómetros de distancia) y que estaba embarazada.

- Creo que necesita sentarse para escuchar todo lo que quiero decirle – me advirtió.

¿Esto era una llamada de broma? ¡No! Algo me decía que debía escuchar todo lo que esta joven quería decirme.

- Sé que no me conoce – empezó – pero crea lo que

le voy a contar, por favor.

Su nombre era Karen y parece que había tenido un sueño la noche anterior; el sueño trataba sobre su bebé.

- Verás, un ángel vino a mí. Ella me dijo que iba a tener un bebé para una mujer que no podía tener un bebé. El ángel me dijo que yo sabría que había encontrado la mujer indicada porque nacimos en la misma ciudad y ella misma es adoptada.

Mi rostro se sonrojó.

- Sí, Karen, yo fui adoptada; cuando tenía cuatro meses. Pero no nací aquí en Baltimore ni en Denver. Yo nací en Jacksonville, Florida.

Hubo silencio del otro lado del aparato.

- Sra. Black, yo también nací en Jacksonville. Me mudé a Denver el año pasado.

Sentí como que un viento fuerte me había golpeado. Esto no me podría estar pasando.

- Me tienes que creer, Sra. Black. Este bebé es para usted. El ángel me prometió que sería una niña y que sería parecida a usted.

La conversación con Karen era demasiado para que pudiera asimilarlo todo. Su madre se puso al aparato y me aseguró que ella estaba de acuerdo con el plan de Karen de entregar el bebé. Le dije a la madre de Karen que necesitaba tiempo para pensar lo que me acababan de contar y hablar con mi familia.

Karen se puso en la línea nuevamente,

- Por favor, llámeme antes del domingo – me pidió – me sentiré mejor una vez que conozco su respuesta.

Colgué con las lágrimas cayendo por las mejillas. Sólo quedaban cuatro días para el domingo. ¿Cómo empezaría a contar a mi esposo? ¿Qué pensaría mi hijo? No le encontraba sentido a todo esto. La voz de Karen era la voz de una niña pero sus palabras fueron dichas con firmeza y seguridad. Pero ¿qué si decidiera guardar el bebé en el último momento? No podría soportar ese dolor si cambiara de parecer. Esa noche Brendon, Dennis y yo tuvimos una larga conversación.

El sábado por la noche los tres estuvimos dando vueltas por el centro comercial. Nos encontramos mirando los precios de las cunas y cochecitos. Brendon admitió que ya había estado viendo por un coche más grande. Dennis dijo que estaba cansado de ser hijo único. Dijo,

- Estoy a favor de tener el bebé – con tal que no tenga que cambiar los pañales.

El domingo llegó demasiado rápido. Brendon decía todo el tiempo: 'Sigue tu corazón.' Pero cuando levanté el teléfono para hablarle a Karen se formó un nudo en mi garganta y empezaron las lágrimas. Corrí al dormitorio sin dejar que me vieran llorar Brendon y Dennis. Me senté sobre la cama llorando, repitiendo una y otra vez: 'Sigue tu corazón.'

Entonces sentí una mano sobre la mejilla y me di cuenta de que Brendon me tenía que haber escuchado llorar. Levanté la vista, sonriendo, pero no había nadie. Puse mi propia mano a la mejilla y parecía estar seca. Al dejar caer mi mano del rostro, mis ojos fueron hacia la caracola sobre la mesita de luz. Sigue tu corazón. Y corrí al teléfono.

- Hola, ¿Karen? ¡Sí! ¡Sí! Quiero este bebé con todo mi corazón.

Aunque inmediatamente compramos la cuna y cositas de bebé los dejamos en la caja con las etiquetas. Este formalismo parecía ser nuestra única defensa por si algo saliera mal. A pesar de que la ecografía mostraba que nuestro bebé sería un niño, Karen insistía que era una niña.

- Recuerda, - me dijo -el ángel me lo dijo.

Nina, o niño, me era igual. Era suficiente poder tener otro hijo.

Pero en diciembre, Brendon y yo descubrimos un obstáculo. Cada abogado de la ciudad que visitamos nos dijo que sería casi imposible realizar una adopción abierta fuera del estado de Maryland.

Después de una semana de investigación Brendon llamó a los servicios sociales. El coordinador allí dijo que la adopción sería extremadamente difícil pero le dio a Brendon el nombre de un abogado quien posiblemente podría ayudarnos. Una vez más nuestro estado de ánimo en casa cambió mientras los tres mirábamos la cuna, el cambiador, los juguetes. Habíamos llegado tan lejos con nuestros planes; ¿ahora nos iban a decir que solamente era posible una adopción a través de una agencia?

Brendon recorrió con sus dedos el borde de la cuna, "Nada nos va a detener, Lucy. Tenemos un ángel de nuestro lado."

El día siguiente recibimos una cita urgente del abogado.

- No va a ser fácil – dijo – la madre involucrada es una menor y su consentimiento podría ser un problema. Luego está la transferencia del bebé de esta menor de un estado a otro. Además de toda la parte legal a solucionar, necesitarán ser aprobado por los servicios sociales que significa que una asistente social deberá visitar su hogar de inmediato.

Unos días más tarde llegó la asistente social. Durante esa primera visita nos hizo saber a Brendon y a mí que no le gustaban las adopciones abiertas y que en las semanas venideras nosotros debíamos estar a su disposición. Dennis fue entrevistado sólo. A Brendon y a mí también nos entrevistaron por separados. Nos revisaron nuestros antecedentes penales, debíamos proveer nuestro certificado de matrimonio, nuestras referencias personales, nuestros horarios cotidianos…y la lista seguía y seguía.

Al acercarse el mes de febrero, empezamos a finalizar toda la papelería requerida. Unos días antes de la fecha en que debía nacer el bebé, Brendon y Dennis sacaron la caja y empezaron a armar la cuna y el estudio fue transformado en una habitación para un bebé. Un amigo que trabajaba para una aerolínea nos regaló dos billetes con fecha abierta. Lo teníamos todo planificado: Brendon se quedaría en casa con Dennis y Graciela volaría conmigo para buscar el bebé. Nuestras maletas ya estaban listas. Cada vez que sonaba el teléfono yo saltaba.

Por fin vino la llamada. "¡Ya es hora! Brendon gritó:

– Karen ha entrado en trabajo de parto. Llama a Graciela y nos vamos. Los dos conocíamos el horario de los aviones y había un vuelo en 40 minutos.

- Tengo que hacerles llegar a tiempo para que tomen ese avión – dijo Brendon. Estábamos muy nerviosos durante el trayecto al aeropuerto pero lo logramos a tiempo. El agente que nos revisó los pasajes nos dijo que no tendríamos problema en conseguir asientos. Estaba empezando a entrar en pánico.

- Si subo al avión, no sabré si el bebé nace bien – le dije a Brendon. ¿Qué haremos si algo va mal?

Él ya había sacada una tarjeta de teléfono de su billetera y se dirigió a un teléfono público, a unos 6 metros de distancia. Miré la expresión de su rostro mientras yo quedé tiesa. ¿Estaba hablando con una operadora? ¿Hablaba con el hospital? Tenía expresión seria. Pero por más que quería escuchar lo que decía no me podía mover. Después de meses sin dormir por la anticipación, pronto sabríamos si nuestro bebé estaba saludable.

Brendon me llamaba con la mano levantada para que fuera al teléfono. Me temblaban las rodillas pero me obligué a caminar. Tomé el aparato de su mano,

- ¿Hola? - La prima de Karen estaba en la línea.

- Su hija le está esperando - dijo.

El vuelo nos pareció interminable mientras miraba al portador de bebé en el asiento a mi lado. Era difícil imaginar que en algunas horas en ese portador estaría ni nueva hijita. Graciela y yo le contamos a varios pasajeros y a todo la tripulación sobre nuestra misión y para cuando llegamos, todos nos habían dado sus felicitaciones.

Durante el trayecto en taxi al hospital me encontré relatando nuevamente la historia del portador de bebé vacío, esta vez al taxista. Había visto que bajaba sus ojos a mi abdomen cuando entré al taxi con el portador y yo le di la directiva: 'Al hospital, por favor.' Graciela y yo nos miramos cuando vimos sus cejas levantarse en asombro.

- Estaré aquí esperándoles – nos prometió nuestro taxista amigo cuando llegamos a la entrada del hospital – no importa cuánto tenga que esperar.

El momento que entramos al vestíbulo del hospital se nos acercó una mujer quien se presentó como la asistente social encargada de toda la papelería.

- Antes que empecemos, hay alguien esperando aquí que quiere conocerlas, - dijo con una sonrisa. Nos condujo al cuarto de los bebés y señaló un moisés con un lazo enorme color rosa. Y alrededor del moisés había un grupo de enfermeras y dos médicos.

Se hizo silencio en la habitación de repente. Todos los ojos estaban sobre mí mientras yo miraba por primera vez a mi hija. Acaricié su brazo suave con mi dedo y en reflejo ella extendió sus manitas. Parecía una muñeca de porcelana con pelito rubio. No podía hablar. La enfermera principal puso una toallita sobre mi hombro y me entregó a mi hija. Puse mi mano suavemente sobre la parte trasera de su cabecita. Una extraña sensación cálida inundó todo mi cuerpo.

- No puedo creer que Karen tenía razón – dijo la obstetra – pero este bebé definitivamente es una niña.

La asistente social nos condujo a Graciela y a mí a una habitación contigua donde pude pasar los primeros momentos alimentando a mi hermoso bebé y mecerla hasta dormir. No quería soltarla nunca. La asistente social pronto volvió y nos informó suavemente que debíamos empezar a trabajar.

- Pero primero hay otra persona que quiere saludarle rápidamente.

Caminamos por el pasillo a la habitación donde se hallaba Karen y abrí la puerta despacio. Estaba acostada y estaba conectada a un monitor cardíaco y un tubo intravenoso.

- El trabajo de parto fue largo y terminó con una cesárea, - susurró la asistente social – pero se pondrá bien. Los ojos de Karen estaban parcialmente cerrados.

- Te dije que era una niña – dijo suavemente.

Caminé hacia la cama y le metí un osito de peluche debajo de su brazo:

- ¿Cómo puedo agradecerte?

- Acabas de decirlo – estás aquí.

Después de un torbellino de papelería nos preparamos para salir del hospital. A la salida una enfermera se nos acercó en el vestíbulo y me llevó a un lado.

- Yo estuve en la sala de parto – dijo, mirando a su alrededor para asegurar que nadie escuchaba. - Algo sucedió en esa sala, Sra. Black. Tenía miedo de contarle a alguien – soy una profesional. Pero cuando supe que usted iba a adoptar el bebé, supe que tenía que contarle.

O no, pensé. ¿Era todo esto demasiado bueno para ser cierto? ¿Qué había sucedido en la sala de partos?

- Por favor, dígame - le pedí.

- Cuando el médico me entregó ese bebé recién nacido, yo... - La enfermera se detuvo y me miró un largo rato. - Vi un ángel– susurró - justo allí en la sala de parto. Estaba de pie tan claro. ¡Un ángel!

- Gracias - le dije y la abracé. - No eres la primera persona que ha visto un ángel con este bebé.

Nuestro taxista estaba esperándonos como había prometido. Sonreía al portador de bebé, ahora ocupado, como si fuera un tío cariñoso.

Siempre recordaré el vuelo de regreso con Graciela y el bebé. Cuando llegamos a casa en Baltimore la expresión en el rostro de Brendon y Dennis al reunirnos como familia por primera vez hizo valer todas nuestras luchas.

Dos años han pasado desde que Cristina llegó a nuestras vidas y ella es verdaderamente una bendición. Tiene ojos brillantes color turquesa y pelo largo color platino. Casi todos los días algún extraño comenta el parecido que tiene conmigo.

Cuando Cristina crezca le contaré la historia de la caracola de mar. Le contaré que ella fue enviada por un ángel como respuesta a nuestras oraciones; una promesa grabada en una caracola se ha cumplido.

Desconocido

Les decía que este es el relato que más me ha tocado...tal vez porque soy una persona muy crítica...condeno el pecado, y me sorprendió ver la mano amorosa de Dios sobre una joven que se había equivocado. A pesar de su error, Dios la amaba y también a ese ser que llevaba dentro de su vientre. En realidad ese pequeño ser ya estaba en el cielo antes de nacer en la tierra y el Padre lo conocía muy bien y tenía los mejores planes para su vida. Ningún niño nace por error. Todos son acogidos por el Padre porque nacieron primero en El.

Pude comprobar que la misericordia de Dios es infinita y Su amor no tiene límites. Puedo pensar que soy una persona buena pero este relato me mostró que no lo soy tanto como creo de mí mismo. Esta historia me enseño mucho sobre mí y sobre Dios. (Nota de la autora).

El ángel de mi esposo

Entré al supermercado aunque no tenía intención de comprar nada. No tenía hambre. El dolor de haber perdido a mi esposo después de 37 años juntos aún era muy fuerte. Esta tienda guardaba muchos recuerdos bonitos.

Pedro muchas veces me acompañaba y en esas oportunidades siempre se iba por su cuenta a buscar algo especial. Sabía lo que pretendía hacer...siempre lo pescaba caminando en el pasillo con tres rosas amarillas en la mano.

Pedro sabía que me encantaban las rosas amarillas. Ahora, con el corazón llena de dolor, sólo quería comprar algunas cosas e irme pero aún hacer las compras era diferente desde que había fallecido Pedro. Me llevaba más tiempo comprar para mí sola que comprar para dos.

De pie al lado de la carne, buscaba el perfecto filete pequeño y recordaba cuánto le gustaba a Pedro los filetes.

De repente una mujer estaba a mi lado. Era rubia, delgada y hermosa, vestido de un traje de pantalón verde pálido. Miré cómo ella escogía un paquete grande de costillas y lo ponía en su canasto, pero luego vaciló y lo devolvió. Se dio vuelta para irse y entonces nuevamente cogió el paquete de costillas. Me vio cómo la miraba y sonrió,

- Mi esposo le encanta las costillas pero a este precio no sé si debo llevarlos.

Me sobrepuse a la emoción que sentía y le miré a los

ojos y le conté:

- Mi esposo falleció hace ocho días. Mirando el paquete en su mano, luché para controlar el temblor en la voz. - Cómprale las costillas y atesora cada momento que pasan juntos.

Sacudió la cabeza y vi la emoción en sus ojos a medida que ponía el paquete en su canasto y se alejaba.

Giré y empujé mi carro de compras a lo largo de la tienda al área de los productos lácteos. Allí me paré tratando de decidir qué cantidad de leche comprar. Luego me fui a la sección de helados, cerca de la parte delantera de la tienda. Escogí el helado y miré hacia el pasillo. Primero vi el traje verde y luego reconocí la mujer bonita que se dirigía hacia mí. En sus brazos llevaba un paquete y en su rostro tenía la sonrisa más grande que jamás había visto. Juraría que había un halo suave formando un círculo alrededor de su pelo rubio a medida que se acercaba a mí, sus ojos firmemente en los míos.

A medida que se acercaba pude ver lo que sostenía en sus manos y mis ojos se llenaron de lágrimas.

- Estos son para ti - me dijo y me entregó tres hermosas rosas amarillas de tallo largo. - Cuando pases por la Caja, sabrán que ya han sido pagados.

Se inclinó y me besó suavemente en la mejilla y luego sonrió nuevamente. Quería decirle lo que había hecho, lo que las rosas significaban para mí pero aún sin poder abrir la boca, la vi alejarse mientras las lágrimas nublaban mi vista.

Contemplé las hermosas rosas envueltas en papel verde y no podía creer...no parecía real. ¿Cómo pudo haber sabido?

De repente la respuesta parecía tan clara. Yo no estaba sola.

- Oh, Pedro, no me has olvidado ¿verdad? Susurré con lágrimas en los ojos. Él aún estaba conmigo y ella era su ángel.

Todos los días da gracias por lo que tienes y por quién eres.

DESCONOCIDO

La flor más hermosa

Me gustaría compartir contigo algo muy importante. Escribo esta experiencia deseando animarte, para que sepas que eres importante para Dios y posiblemente tú también tengas un encuentro con un ángel. Te voy a contar cómo conocí al mío.

El banco del parque estaba desocupado cuando me senté allí a leer. Debajo de las ramas largas y desordenadas de un viejo sauce, desilusionada por la vida, con una buena razón para fruncir el ceño, porque el mundo estaba decidido a arrastrarme hacia abajo.

Y si eso no fuera suficiente para arruinar mi día, un niño sin aliento se acercó a mí, muy cansado del juego. Se puso de pie delante de mí, con la cabeza inclinada hacia abajo y dijo con gran emoción: "¡Mira lo que he encontrado!"

Llevaba en la mano una flor, pero qué espectáculo lamentable, con todos sus pétalos marchitados – por no recibir suficiente lluvia o muy poca luz.

Fingí una sonrisa, deseando que él tomara su flor muerta y volviera a jugar, y me alejé un poco. Pero en vez de retirarse se sentó a mi lado y colocó la flor a su nariz y declaró con sorpresa sobreactuada, "¡Qué bien huele, y qué hermosa, también. Es por eso que la recogí, toma, es para ti! "

La mala hierba delante de mí estaba marchitada o ya marchita. Ya no se distinguían los colores vibrantes, naranja, amarillo y rojo.

Pero yo sabía que tenía que tomarla, o nunca se iría. Así que cogí la flor, y respondí: "¡Justo lo que necesitaba!"

Pero en lugar de colocar la flor en mi mano, la sostuvo en el aire sin razón o plan. Fue entonces cuando me di cuenta por primera vez, ese niño con la mala hierba no podía ver: ¡era ciego!

Escuché mi voz temblar, las lágrimas brillaban como el sol, cuando le di las gracias por escoger la mejor.

"De nada", sonrió, y luego salió corriendo a jugar, sin darse cuenta del impacto que él había sido en mi día.

Me senté y me pregunté cómo se las arreglaba para ver una mujer llena de autocompasión debajo de un sauce viejo.

¿Cómo supo de este apuro en la cual yo misma me había metido? Tal vez desde su corazón, había sido bendecido con una visión verdadera.

A través de los ojos de un niño ciego, por fin pude ver el problema no era con el mundo, el problema era yo. Y para todas esas veces que yo misma había sido ciega, juré que vería la belleza de la vida y apreciaría cada segundo que me es dado.

Y luego sostuve esa flor marchita hasta mi nariz y aspire la fragancia de una hermosa rosa, sonreí mientras veía a ese niño con otra mala hierba en la mano a punto de cambiar la vida de un anciano desprevenido.

DESCONOCIDO

¿Dios habla a su pueblo?

Un joven había asistido al estudio bíblico el miércoles por la noche. El Pastor habló sobre escuchar a Dios y obedecer la voz del Señor. El joven quedó muy sorprendido y se preguntaba si Dios aún hablaba a las personas.

Después de la reunión salió con algunos amigos a tomar un café y allí comenzaron a hablar sobre el mensaje que acaban de escuchar. Varios comentaron sus experiencias de cómo Dios les había guiado en diferentes maneras.

Era alrededor de las 22 horas cuando el joven comenzó a conducir a casa. Sentado en su coche empezó a orar, "Dios, si aún hablas a las personas, háblame a mí. Yo te escucharé y haré lo que puedo para obedecer".

Al conducir por la calle principal de su ciudad tuvo un pensamiento de lo más inusual: "Para y compra un cartón de leche". Sacudió la cabeza y dijo en voz alta: "Dios, ¿eres tú?" No recibió respuesta así que siguió su camino a casa.

Pero nuevamente le vino el pensamiento: "Compra un cartón de leche". El joven se acordó de Samuel en la Biblia y cómo no había reconocido la voz de Dios y cómo el niño había corrido a Elí para que le aconsejara. "Vale. Dios, por si eres tú, compraré la leche".

No parecía una prueba de obediencia muy difícil. Siempre podría hacerle falta la leche. Paró, compró la leche y siguió su camino a casa. Al pasar por la calle Imperial, nuevamente sintió el impulso: "Gira por esa calle".

Esto es loco, pensó, y siguió de largo. Otra vez sintió que debía girar por la calle Imperial. En la próxima intersección, dio la vuelta y luego giró en la calle Imperial. Medio en broma dijo: "OK, Dios, lo haré".

Condujo por unos minutos cuando de repente sintió que debía parar. Estacionó el coche y miró a su alrededor. Se encontraba en una parte semi comercial de la ciudad. No era la mejor pero tampoco era el peor de los vecindarios. Las tiendas estaban cerradas y la mayoría de las casas estaban a oscuras, como que las personas ya se habían acostado. Otra vez sintió algo: "Ve y dale la leche a las personas en la casa allí en frente."

El joven miró la casa. Estaba a oscuras y parecía como que no había nadie en casa o que ya estaban durmiendo. Empezó a abrir la puerta del coche y luego se sentó nuevamente en el asiento. "Señor, esto es una locura. Esta genta está acostada y si los despierto se enfadarán y pareceré un tonto". Otra vez sintió que debía entregar la leche.

Finalmente, abrió la puerta del coche. "OK, Dios, si esto eres Tú, iré a la puerta y les daré la leche. Si quieres que me miren como una persona loca, está bien. Quiero ser obediente. Supongo que valdrá por algo...pero si no abren la puerta enseguida me voy".

Cruzó la calle y llamó a la puerta. Pudo escuchar un ruido adentro. La voz de un hombre gritó: "¿Quién es? ¿Qué quieres?" Entonces la puerta se abrió y el joven no pudo alejarse.

El hombre parado allí vestía unos vaqueros y una camiseta. Parecía como que acababa de levantarse de la cama. Tenía una mirada extraña y no parecía muy contento de ver un extraño en su puerta.

- ¿Qué quiere?

El joven le entregó el cartón de leche, "Toma, te he traído esto".

El hombre tomó la leche y corrió por el pasillo y hablando en voz alta. Entonces, del final del pasillo apareció una mujer con la leche y dirigiéndose a la cocina. El hombre la seguía llevando un bebé en brazos y el bebé llorando.

Al hombre le corrían las lágrimas y mitad hablando, mitad llorando dijo:

- Estábamos orando. Tuvimos unos gastos muy grandes este mes y no teníamos suficiente dinero. No teníamos dinero para comprar leche para el bebé. Estaba orando y pidiendo a Dios que me muestre cómo conseguir leche.

Su esposa de la cocina añadió:

- Le pedí a Dios que nos enviara un ángel con leche. ¿Eres tú un ángel?

El joven buscó su billetera y les dio todo el dinero que tenía y se lo puso en la mano del hombre.

Dio la vuelta y regresó a su coche con las lágrimas corriendo por su rostro. Ahora sabía que Dios aún contesta las oraciones y que Dios aún habla a Su pueblo.

DESCONOCIDO

Un ángel a la moda

Tenía mucho miedo pero no quería admitirlo. Estaba tomando un café en frente del hospital y el día siguiente sería un paciente allí. Iba a pasar por cirugía en la columna. El riesgo era grande pero mi fe era grande. Sólo hacía unas semanas que mi padre había fallecido. Él había sido mi guía y mi ayudador en esta vida y ahora me encontraba sin su apoyo. Entonces oré: "Padre celestial, en mi hora de prueba, envíame un ángel."

Miré hacia arriba y al prepararme para irme, vi a una anciana caminar muy lentamente hacia la caja registradora. Me paré detrás de ella y le admiraba su gusto por la moda – un vestido floreado de color rojo y morado, una bufanda, un prendedor y un sombrero de color escarlata brillante.

- Discúlpame, Señora, debo decirle que es una mujer muy hermosa. Verla a usted me ha dado un toque de alegría.

Me tomó de la mano y me dijo lo siguiente:

- Mi dulce hija, Dios te bendiga, porque verás, tengo un brazo artificial y una placa en el otro y mi pierna no es mía. Me lleva bastante tiempo vestirme. Trato de hacer lo mejor que puedo pero con el pasar de los años, la gente no cree que importa. Hoy me has hecho sentir muy especial. Que el Señor te proteja y te bendiga porque tú debes ser uno de Sus pequeños ángeles. Cuando se alejó ese día no pude decir una palabra...ella había tocado mi alma de tal manera que la única explicación es que esa mujer era el ángel.

DESCONOCIDO

Me podría haber ahogado

Cuando tenía tres años, mi familia y yo estábamos visitando a mis abuelos para una reunión familiar. Mis abuelos vivían en una granja grande y tenían un estanque en una colina detrás del granero. De alguna manera, me alejé del lugar donde la gente se había reunido en la casa y me dirigí a lo que supuestamente decía yo era la 'piscina grande' - el estanque.

Después de pasar la lechería en la colina, a unos cincuenta metros de la casa abajo, había un terraplén empinado. En la parte superior del terraplén estaba el estanque. Mientras iba subiendo el terraplén rumbo al estanque, un ángel con una túnica blanca, un cinturón y una espada me cerró el paso. Traté de esquivarle y pasar por su costado sólo para ser bloqueado nuevamente por el ángel. Sea cual sea el camino que iba, el ángel impedía que avanzara.

Cuando mis padres se dieron cuenta que yo faltaba, todo el mundo empezó a buscarme frenéticamente. Me encontraron caminando de aquí y para allá en la base del terraplén, tratando de llegar a la "piscina grande". Recuerdo que el ángel tenía una sonrisa pícara en su cara al cerrarme cada intento de acceso al estanque. Ese día me salvó la vida.

Años más tarde, finalmente le dije a mi madre lo que había visto. Ella dudaba de la veracidad de mis declaraciones hasta que le describí en detalle otras cosas que había visto alrededor del estanque. La primera vez que vi al ángel fue entre dos ruedas de carreta blancas que estaban sobre la ladera de la colina que conduce al estanque (estas ruedas se retiraron poco después del incidente antes mencionado).

También le describí un viejo coche de color verde

claro con los guardabarros en forma de abanico (este coche fue trasladado también por mis tíos a un granero detrás del establo de ordeño porque lo querían restaurar). Mi madre se quedó boquiabierta cuando le dije esto. Tanto el coche y las ruedas de la carreta se trasladaron después de la reunión de verano y antes de nuestra siguiente visita para la Navidad (Cumplí los cuatro años en octubre).

A pesar de que este es un recuerdo borroso de una experiencia vivida a los tres años, mi edad mental era mayor que mi edad cronológica (Tengo un IQ 148). Lo que quiero decir es que aunque me faltaban 3 meses para cumplir los cuatro años, mi edad mental era la de un niño de cuatro y medio o cinco años de edad.

Cuando mi madre todavía dudaba de que yo recordaba lo que vi, le describí cada habitación de la casa de tres niveles donde vivíamos en Burlington, cerca de Milwaukee (Wisconsin) en ese mismo tiempo. Yo sé que lo que vi fue real…me acuerdo bien. Yo nunca había visto una foto de un ángel antes de este incidente. Me parece que el ángel tenía alas, pero sinceramente no me acuerdo. Me acuerdo de la túnica blanca, el cinturón, la espada y la sonrisa. No te puedo decir si el ángel tenía apariencia masculina o femenina. Como lo recuerdo, no era ninguno de los dos. Pocas veces he compartido esta historia para que no piensen que soy delirante. Pero recuerdo bien lo que vi.

H. JAMES M.

Conduciendo con un ángel

Un domingo después de asistir a la iglesia mi madre conducía a la casa de mi tía para tomar un café juntas. Era una costumbre que las hermanas se reunieran los domingos – era su tiempo juntas para disfrutar en familia.

Mi madre estaba acercándose a una intersección donde el tráfico iba en cuatro direcciones. De repente ella escuchó una voz audible decir: 'Gira a la derecha'. Lo escuchó no una vez, sino dos veces. Sin pensar, mi madre giró rápidamente a la derecha y en ese momento un coche no paró en la intersección, siguió de largo y mi madre de haber seguido hubiera sido chocada y muy probablemente golpeada del lado del conductor.

Nadie podrá convencerme de que la voz que ella escuchó no fue un ángel. Yo sé que lo fue. Sé que los ángeles son una realidad.

CARMEN

Un soldado desconocido

En 1946 mi padre acababa de volver de la guerra. En todas las carreteras de los Estados Unidos se veía a soldados en uniforme haciendo dedo para volver a su casa y sus familias. Era la costumbre en ese tiempo.

Lamentablemente, la emoción del reencuentro de mi padre con su familia pronto se vio ensombrecida. Su madre se puso muy enferma y tuvo que ser hospitalizada. Sus riñones no funcionaban bien, y los médicos le dijeron a mi padre que necesitaba una transfusión de sangre inmediatamente, o ella no viviría la noche.

El problema era el grupo sanguíneo de mi abuela. Ella tenía tipo AB negativo, un tipo muy raro, aún hasta hoy día, pero se complicaba más en esos tiempos porque no existían los bancos de sangre ni los vuelos aéreos para transportar la sangre a otras ciudades.

Se sacó análisis de sangre a todos los miembros de la familia pero ninguno tenía ese tipo de sangre.

Los médicos no lie dieron ninguna esperanza a la familia - mi abuela se estaba muriendo. Mi padre salió del hospital en lágrimas para reunir a su familia para que todos tuvieran la oportunidad de despedirse de su madre, mi abuela.

Al conducir por la carretera mi padre vio un soldado en uniforme haciendo dedo para regresar a su hogar. Sumido en una profunda tristeza, mi padre no tenía ninguna inclinación en ese momento de hacer una buena obra, sin embargo, era casi como si algo fuera de él mismo lo detuvo y esperó a que el extraño se metiera en el coche.

Mi padre estaba demasiado acongojado para si quiera preguntarle al soldado su nombre pero el soldado se dio cuenta enseguida de las lágrimas de mi padre y le preguntó el motivo.

A través de las lágrimas mi padre le contó a este extraño que su madre yacía muriendo en el hospital porque los médicos no habían podido encontrar la sangre que necesitaba, AB negativo, y si no lo encontraban antes del anochecer, ella iba a morir.

Se hizo un silencio en el coche. Entonces este soldado desconocido le tendió la mano a mi padre, con la palma hacia arriba. En la palma de su mano estaban las placas de identificación que llevaba alrededor de su cuello. El tipo de sangre en las placas era AB negativo.

El soldado le dijo a mi padre que diera la vuelta y que le llevara al hospital. Mi abuela vivió hasta el año 1993, 47 años más, y hasta el día de hoy nadie en mi familia ha sabido el nombre del soldado. Muchas veces mi padre se ha preguntado si realmente era un soldado o en verdad un ángel con uniforme.

Algunas veces no sabemos a quién Dios pondrá en nuestras vidas para llevar a cabo una misión especial, ni nos damos cuenta qué personas Dios utilizará para impactar nuestras vidas.

DESCONOCIDO

Una picadura de araña

Mi hija Belén de 15 años fue mordida en la pierna por una araña venenosa. Dejamos pasar un par de días antes que empezara a quejarse de un dolor insoportable. Cuando la llevamos al médico se dio cuenta que era una mordedura de araña. Le dio una inyección que le produjo unos espasmos de dolor por todo el cuerpo. Donde estaba la mordida, se puso de color azul y verde y de mal aspecto.

Somos fieles católicos y trato de decir el rosario 3 o 4 veces por día. Esa noche mi hija durmió conmigo y recuerdo que lloraba y me sentía culpable por no haber actuado antes. Oré y le pedí a Dios que le ayudara…estaba en tanto dolor. Esa noche se despertó gritando de dolor y llorando "mamá, por favor no me dejes".

A la mañana siguiente miramos la pierna y estaba sana milagrosamente. Estaba un poco rojo pero nada como antes. Tenía una vena que llevaba al corazón que se había tornado color morado desde la mordedura hasta el estómago y de repente allí paró el veneno. Se veía claramente.

Estábamos tan contentos por su mejoría. Y entonces recordé como Belén había dormido mal esa noche y le pregunté cómo había sido esa pesadilla. Me contestó que no había tenido una pesadilla sino que alguien estaba de pie al lado de su cama y ella pensó que era yo y luego se dio cuenta que no era. Me contó que le dijo que iba a cuidar de ella toda la noche. Me contó que era una mujer vestida de una túnica metálica ceñida de un cordón. Estaba maquillada y tenía un rostro muy bello. No era muy alta y llevaba botas. Al principio pensó que era yo porque miraba hacia mi lado de la cama y no me veía. Me contó que cuando esta persona se movía, un rayo de luz se movía por toda la habitación.

Mi hija no habla mucho de eso pero de vez en cuando, cuando le pregunto para sacarle más detalles, me emociono pensando que todos tenemos ángeles guardianes cuidando de nosotros. Mi corazón nunca será el mismo. Siempre tendré en cuenta al ángel guardián y agradecida por estar allí.

MARTA

Sobreviví la guerra

Sé que fue algo sobrenatural que me salvó la vida. Me habían enviado a Vietnam desde 1970 hasta 1971 en el momento en que Estados Unidos empezaba a retirarse del país. Yo era un primer teniente a cargo de una compañía de camiones de 5 toneladas que transportaba alimentos, equipos, armas, combustible de aviación y suministros a varias bases diferentes en las tres unidades inferiores.

Fui asignado a sacar una compañía de artillería de las montañas y llevarla a mi base en Long Bien. Mientras que llevaba el convoy en el camino de vuelta a Long Bien, sentí una brisa fresca correr por mi espalda. Estábamos en la selva sofocante, no debería haber ninguna brisa fresca. Inmediatamente sentí que mi convoy iba a ser emboscada más adelante.

Detuve el convoy en el medio de la selva para revisar con las tropas mis instrucciones en caso de emboscada. Montamos nuestros vehículos y nos dirigimos por la carretera.

Unos 30 minutos más tarde, caímos en la emboscada. Debido a que estábamos conscientes de la posibilidad de una emboscada y nos acabábamos de preparar por medio de las instrucciones, pudimos pasar sin incidentes. Devolvimos el fuego e hicimos regresar a los Vietcong lo que nos daba el tiempo suficiente para escapar de la zona de emboscada.

Esto sucedió tres veces en el año en que yo estuve allí. Estoy seguro de que esa brisa fresca fue la razón por la cual no morí ni tampoco mis tropas. Sin duda para mí fue una experiencia sobrenatural. Creo que Dios envió un ángel para advertirnos y ayudarnos a sobrevivir.

DESCONOCIDO

¡Para y detente aquí!

Esta experiencia del cielo me ocurrió hace aproximadamente unos veinte años a principios de 1992. Mis tres hijas tenían seis, cuatro y dos años. Volvíamos de algún sitio en el coche, no recuerdo dónde habíamos estado pero lo que sucedió mientras conducía por nuestra calle en camino a casa permanecerá en mi memoria como un recuerdo tan vívido y asombroso como en el mismo momento en que lo experimenté.

Las tres niñas estaban sentadas como siempre viajaban conmigo y con el cinturón puesto. Fue, creo, a media mañana, un momento del día en que el tráfico era más ligero. Porque yo me acuerdo que no había tráfico detrás de mí y yo no había pasado a nadie y en mi calle no había tráfico alguno. Yo estaba conduciendo a lo largo de mi calle, perdida en mis pensamientos, sólo a unas seis casas de la mía. Cuando de repente oí una voz! Era muy clara - una voz masculina - como si alguien estaba allí mismo, en la camioneta con nosotros, pero sé que lo oí en mi cabeza.

Me interrumpió totalmente lo que estaba pensando y dijo: "Reduce la velocidad y para aquí." (¡Puedes imaginar mi sobresalto!) Y yo sabía exactamente dónde 'aquí' se suponía que era - tenía que parar antes de la intersección. Debo explicar que, en mi pueblo, no todas las intersecciones de las zonas residenciales tienen señales de Stop. Algunas intersecciones sólo tienen la señal Stop para el tráfico en una de las carreteras que se cruzan. Yo estaba en la calle sin una señal de Stop.

Estaba tan aturdida por esa voz que me encontré obedeciendo automáticamente las instrucciones para reducir la velocidad. Y recuerdo la sensación de que ahora yo no estaba en control – era como si estuviera en piloto automático. Incluso recuerdo haber dicho en voz alta a mí mismo: '¡No puedo creer lo que estoy haciendo!'

Entonces, muy lentamente paré el coche justo en la esquina. Sin embargo, no se veía tráfico en ninguna dirección. Y de repente, ¡un coche salió a gran velocidad justo en frente de mí! De su lado tenía una señal de Stop, pero lo pasó de alto sin más. Era un coche algo viejo y de color gris y los dos jóvenes que estaban dentro tenían aspecto muy desaliñado. El conductor tenía la intención de salir de allí lo más rápido posible y el pasajero estaba mirando hacia atrás. Deben de haber estado conduciendo a unas 80 kph porque cuando giré la cabeza para ver la matrícula, habían desaparecido alrededor de la curva en el camino y se perdieron de vista en un abrir y cerrar de ojos.

Me quedé sentado allí, parpadeando y tratando de estar consciente de lo que me acababa de ocurrir. ¡Fue una intervención divina! Esta es la parte de mi historia en la que me emociono mucho, porque me doy cuenta lo que habría pasado si no hubiera obedecido la voz –

que seguramente habríamos muertos todos. ¡Los jóvenes iban tan rápido! Sin duda hubiera sido una tragedia.

Me quedé quieta por un momento e inclinó la cabeza y di las gracias a Dios por protegernos. ¡Qué experiencia tan sagrada que fue para mí. Tengo el testimonio de Jesucristo en mi vida y he sentido el amor incondicional y cálido del Espíritu Santo. Pero esta experiencia fue una prueba de un momento sagrado en mi vida tan tangible, que estoy muy agradecido. Puedo decir sin reserva alguna, que ¡yo sé que hay más en esta vida que sólo esta vida! Estamos rodeados de seres espirituales que velan por nosotros. Ellos nos ayudan de muchas maneras. Estoy segura de que no sabremos, en esta vida, cuánto nos ayudan

y cuántas veces nos han protegido hasta que lleguemos a la otra vida y estas cosas nos serán reveladas. ¡Entonces grande será nuestro asombro!

SARA

Un ángel estaba allí

Ningún padre quiere recibir una llamada avisándole que debe ir inmediatamente a la sala de emergencias del hospital. El año pasado recibí esa llamada informándome que mi hija había estado en un accidente automovilístico. Cuando llegué a la sala vi a dos jóvenes en las primeras dos camas y una anciana que no estaba relacionada al accidente sobre la tercera cama. Me largué a llorar por mi hija porque al no verla, pensé lo peor.

Entonces alguien puso sus manos sobre mis hombros y me condujo a otra sala y allí la vi entrar a mi hija despeinada con un solo zapato, su bolso y algo negro colgando del brazo que yo pensé debía ser algún tipo de abrazadera médica. El conductor de la ambulancia me comentó que era un milagro de que mi hija estaba viva, más aún de que estaba caminando sin ayuda.

El coche en cuestión era un descapotable y los tres pasajeros fueron expulsados al salir por el aire. Luego rodó tres o cuatro veces hacia abajo por un terraplén antes de aterrizar en la cima de un árbol grande. Mi hija había negada tratamiento médico en el escenario del accidente para que pudiera ir con los otros dos pasajeros en la ambulancia.

Cuando la llevé a un baño cercano para lavarse le pregunté qué es lo que tenía sobre su brazo. Y entonces me di cuenta de que era el estuche para CD que se engancha al protección solar del coche. De todas las cosas en el coche, me preguntaba cómo había terminado con eso en la mano. Me contestó que sólo recordaba que una anciana de pelo gris se le acercó en la escena y se lo dio y le dijo que todo estaría bien. Entonces mi hija subió a la ambulancia y cuando se dio vuelta, la anciana se había ido.

Mientras me relataba lo sucedido ella dio vuelta el estuche de CD y allí en la parte de atrás se encontraba el prendedor de un ángel guardián que yo había colocado en su coche cuando lo había comprado. Para nosotros no podría haber señal más claro de cómo ella había sobrevivido aquel accidente.

No creemos que el estuche de CD haya tocado nunca el suelo ya que aquellos eran los únicos CD en el coche y el estuche en si estaba limpio sin ninguna marca o ralladura cuando todo lo demás estaba cubierto de tierra y marcado. Aún me emociono al recordarlo y mi hija se siente realmente bendecida. Agradecemos a Dios por nuestros ángeles.

LISA

Un peligro repentino

Tengo 51 años – esto me sucedió cuando tenía alrededor de 12 años. Mi familia y yo solíamos levantarnos temprano algunos fines de semana para pescar caracoles de mar por la playa. La mayor parte de la orilla del mar es roca volcánica. Llegamos a una profundidad en la roca que formaba un valle pequeño en la superficie de la roca de lava y estaba cubierto de caracoles y nosotros no dejábamos de llenar nuestras bolsas.

Las olas rompían suavemente a unas 15 a 20 metros. Era un día soleado y hermoso cuando de repente vino una gran ola de más de 3 metros de altura que cubrió toda el área.

La fuerza del mar nos pegaba fuerte y nos jalaba hacia el océano. Mi madre nos sostenía de la mano y con la otra nos aferrábamos a la roca puntiaguda de lava. En aquel instante, sobre nosotros vi a un hombre con sus brazos extendidos y en ese momento el mar se hizo calmo completamente. Al mirar nuevamente vimos que el hombre ya no estaba.

Algunos de nosotros estaban heridos y necesitaban que le hicieran puntos. En ese tiempo creí que había sido un ángel que nos había socorrido y aún lo creo. Un amigo de la familia pensó que podría ser un hombre de la localidad que estaba pasando por allí. Pero nunca nos habló ni se acercó a nosotros; sólo estiró sus brazos y se fue.

SANTIAGO

Un ángel en helicóptero

Estaba con un embarazo de siete meses de mi segundo hijo cuando una noche rompí aguas y empecé con dolores de partos prematuros. Mi esposo me llevó inmediatamente al hospital local donde tomaron la decisión de llevarme en helicóptero a la ciudad más cercana que quedaba a dos horas.

Tomaron esa decisión porque nuestro hospital local era pequeño y no tenía una unidad neonatal de cuidados intensivos para tratar a bebés prematuros o seriamente enfermos.

Me ataron a una camilla y me colocaron en el helicóptero con un piloto, dos paramédicos y mi esposo. Fue terrorífico. Tenía miedo por la vida de mi bebé y clamando a Dios que ayude a mi bebé y a mí.

Mientras crecía, mi familia solía ir a la iglesia pero al llegar a ser adulta, no fui más. No obstante era creyente y oré con todo mi corazón por la gracia de Dios.

De repente, sentí dos manos sobre mi cabeza. Eran suaves pero firmes. Al principio pensé que era mi esposo pero él se encontraba a mi lado sosteniendo mi mano así que supuse que era uno de los paramédicos. Estaba acostada de espalda pero miré para atrás y me di cuenta que uno de los paramédicos estaba de espalda y el otro estaba adelante con el piloto pero aún podía sentir aquellas manos sobre mi cabeza. Y entonces sentí una 'presencia' porque no sé como describirlo. Todo mi ser se inundaba con un sentimiento increíble de amor, de paz y misericordia. Sentí que esta 'fuerza' atravesaba todo mi cuerpo, empezando desde el lugar donde sentía las manos, me atravesó y salió por las plantas de los pies. Suena increíble pero yo sentí esta gloriosa energía sanadora y yo no tenía temor por mi bebé y giré hacia mi esposo quien estaba desesperadamente preocupado y le dije que no tuviera miedo, que todo iba a salir bien.

Aunque no 'vi' un ángel en el helicóptero, yo sé que el buen Señor me envió uno en respuesta a mis plegarias desesperadas por ayuda.

A propósito, mi hijo nació dos días después, muy, muy pequeño pero completamente normal. ¡Dios es Grande!

TAMARA

Dos ángeles en un día

He tenido varios encuentros con ángeles pero uno

reciente me ocurrió en marzo de 2008. En verdad fueron dos encuentros en un solo día. El primero sucedió por la mañana en el camino al trabajo. Era un día brillante de sol y por un momento, la luz del sol me cegó. Hacía poco me había mudado así que no estaba familiarizada con todas las calles. Habiendo sido cegada temporalmente, no vi la señal de stop y seguí de largo y por centímetros no me choca otro vehículo. Siempre hay mucho tráfico en ambas direcciones en esa intersección. Fue un verdadero milagro que no me hayan chocado.

Más tarde, en casa, un inspector había estado en mi casa para inspeccionar la estructura del sótano. Yo no estaba consciente de que la trampilla no había sido sustituida después de esa inspección y por ende había un agujero enorme, con una profundidad de más de un metro, en el piso del sótano. Allí empecé a colgar mi ropa de trabajo.

De repente, me detuve rápidamente y yo sentí como que alguien me cogió para detenerme. Los dedos de mis pies se encontraban sobre el borde del agujero y estaba a punto de caer en ese agujero.

Alabé a Dios por Sus ayudantes por protegerme dos veces aquel día. Me estremezco al pensar lo que podría haber pasado si me hubiera caído en el agujero o si me hubieran chocado más temprano aquel día. ¡Yo creo en los ángeles!

LAURA

Una manguera me mete en apuros

Una mañana al salir de casa y hacer marcha atrás con el coche nuestra manguera para el jardín de 25 metros (seguramente dejado allí la tarde anterior por uno de mis hijos)se quedó atascado en el eje trasero del coche. Así salí para el trabajo sin percatarme de lo que había sucedido. Aparentemente la manguera se iba desenrollando a medida que el coche avanzaba.

Había conducido unos cinco kilómetros cuando llegué a una intersección. Un coche se acercó y me avisó de que la manquera se arrastraba detrás mío. Cuando miré, allí estaba. Salí del coche e intenté aflojarla para ponerlo dentro del coche.

Pero estaba enroscada alrededor del eje tan fuertemente que no podía moverlo en absoluto. Entré en el coche nuevamente pensando que sería mejor encontrar un lugar más adecuado para estacionar y seguir intentando sacar la manguera.

Al girar la llave en el contacto, un policía llamó a la ventana y cuando lo bajé me preguntó si me podía ayudar.

Fui con él a la parte trasera del coche y entonces él me sonrió mientras se dobló para alcanzar la manguera y sencillamente levantarla del eje y ponerla en mis manos.

Cuando ya lo había colocado en el maletero del coche me di vuelta para agradecerle pero se había ido. Nunca vi su coche de policía – y es que yo estaba en el campo, no en la ciudad donde podría haber una estación de policía.

Estoy segura que un ángel me socorrió ese día y me

ayudó hacer algo que para mí era imposible.

LEONOR

Una lucha de noche

Después de vivir durante tres semanas con una familia cristiana acepté en mi corazón a Jesús como mi Señor y Salvador. Aún recuerdo la paz que inundó mi ser y yo sabía que era salva.

Tres días después, durante la noche, necesité ir al baño el cual se encontraba en el sótano. No me había atrevido a bajar antes pero todo parecía bien cuando bajé las escaleras y entré al baño y me senté.

Las escaleras bajaban directamente de la puerta arriba y era la única manera de entrar o salir de ese lugar.

Cómo la mayoría de las habitaciones, ese lugar tenía cuatro rincones, una debajo de las escaleras, una en el baño y los otros dos estaban del otro lado de la habitación.

Tan pronto me senté estaba consciente de una presencia maligna que no podía ver pero sí podía sentir con cada nervio de mi cuerpo. La presencia maligna se comunicó conmigo aunque no lo podía ver. Me hizo saber exactamente dónde se encontraba, en el rincón debajo de las escaleras, que ya comenté era la única salida. También me interpuso el pensamiento 'Yo estoy entre ti y la puerta'.

Al principio el temor fue paralizante. Tan solo había sido creyente durante tres días y no tenía ningún conocimiento sobre guerra espiritual. De repente tuve conocimiento de las Escrituras y una valentía para enfrentarme a él en el Nombre de Jesús y pude decir cosas que nunca antes había escuchado, como 'El Señor te reprende, Satanás; vengo contra ti por la sangre del Cordero; no tienes autoridad aquí; sal en el Nombre de Jesús etc.' Y mientras él repetía 'Yo estoy entre ti y la puerta' yo seguía luchando en el Espíritu. Yo sé que un ángel estaba conmigo en aquel sótano dándome la protección y la munición espiritual que necesitaba.

La lucha duró unos diez minutos y luego supe en el momento preciso que se fue. Entonces agradecí al Señor y subí las escaleras sin temor alguno. Ya se había ido. Aquel fue un espíritu de temor que había venido para atemorizarme y ahuyentarme de mi nueva fe. No tenía conocimientos para hacer guerra espiritual pero ¡aquel ángel sí lo tenía! La batalla fue intensa sin embargo cuando subí las escaleras tenía una paz perfecta porque ya había pasado.

Esto sucedió hace más de veinte años pero lo recuerdo como si fuera ayer.

MELISA

Rescate de aguas congeladas

Mis dos hijos de 10 y 13 años estaban jugando en el arroyo que corre paralelo a la calle en frente de nuestra casa. Era invierno y había estado nevando.

Yo estaba durmiendo en el sofá cuando el menor me despertó y me contó esta historia. Lo primero que me dijo fue: "Mamá, un ángel nos salvó la vida." Estaban caminando al lado del arroyo cuando llegaron a una parte profunda que se había congelado. El menor trató de caminar sobre el hielo y éste se quebrantó y el niño cayó hasta el pecho en el agua frígida. El mayor intentó sacar a su hermano del agua pero él también se cayó al agua profunda. En ese momento el menor estaba gritando histéricamente que iban a morir. El mayor lo trató de calmar mientras intentaba ponerlo a salvo. Pero se resbalaba y caía al agua cada vez que intentaba salir.

De la nada salió un hombre haciendo jogging y los sacó del agua. Dijo que había escuchado los gritos. Mientras los ponía a salvo el rescatador le dijo al mayor que llevara al menor a casa y que le sacara la ropa mojada inmediatamente. Al empezar su regreso a casa y caminando por la calle giraron para ver por donde había ido el corredor pero no estaba, se había ido. Un ángel salvó a mis hijos.

PAULA

Un ángel peludo

Mis padres murieron cuando tenía tres años, uno seis meses después del otro. Estaba tan segura de que yo había hecho algo muy mal y por eso ellos habían muerto y que Dios estaba muy enojado conmigo.

Todas las noches cuando iba a la cama, oraba como me habían enseñado mis padres fallecidos. Lo único que agregaba ahora era 'Y por favor, querido Dios, si me amas de verdad, envíame un perro collie como Lassie'.

Llegó noviembre y el día de acción de gracias y estábamos sentados a la mesa, cenando, cuando escuchamos arañazos en la puerta delantera. Mi padre adoptivo se levantó y fue a la puerta para ahuyentar el perro...o así él pensó. Apenas tuvo tiempo para sentarse nuevamente y contarnos lo que está pasando cuando empezamos a escuchar otra vez los arañazos en la puerta.

Así que mi padre adoptivo repitió lo que había hecho anteriormente y volvió para disfrutar la cena pero se volvieron a escuchar los arañazos. -esta vez llevó una escoba y pensó que amenazaría al perro. Al sentarse a la mesa y preparándose para contarle a su familia que finalmente lo había logrado, se escucharon los arañazos nuevamente. Esta vez decidió que dejaría entrar al perro y luego preguntar a los vecinos para descubrir a quién pertenecía el perro.

Abrió la puerta y entró un collie triste, hambriento y congelado. Tratamos de descubrir a quién pertenecía pero yo sabía. Este sería el perro que me ayudaría atravesar los tiempos difíciles cuando me sentía muy sola. Era mi ángel con aspecto a Lassie.

KARINA

¡Casi!

En 2001, cuando vivía en Birmingham, Inglaterra, estaba caminando por la acera cerca de la calle King.

Acababa de dejar a mi hija en la escuela Raven. Hubo una racha de fuertes vientos la noche anterior y todavía estaba muy ventoso esa mañana.

Al acercarme a una parada de autobús, un niño estaba sacando y poniéndose el zapato y recuerdo que me preguntaba por qué no estaba en la escuela. Aún más raro, que llevaba una vestimenta muy al estilo de los años 40 - de pantalones cortos (era febrero, ¡pleno invierno!) y un jersey de lana estampada. De repente, pateó el zapato y voló hacia el borde de la acera. Me detuve a recogérselo y luego continué caminando.

Unos minutos más tarde, tres grandes ventanas de vidrio cayeron simultáneamente medio metro delante de mí sobre el pavimento. Se habían caído de un edificio arriba mío. Si no me hubiera detenido a ayudar al niño - mi pequeño ángel - sin duda habría muerto al instante. Así que doy gracias a mi ángel por haberme salvado la vida.

MARY

Una enfermera es mi ángel

Hace poco mi esposo se moría. Estaba en el hospital. Se había resfriado y luego se hizo una neumonía. Luego le entró líquido a los pulmones y otras complicaciones. Después tuvo problemas con el corazón y necesitó estar conectado a un respirador.

Los médicos me dijeron que no iba a salir de esta y que iba a morir. Estaba en coma y dijeron que nunca saldría con vida de la cirugía. Pero alcanzó a ir al quirófano. Todo era tan incierto y me parecía que iba a enloquecer. Ya había estado en el hospital durante dos meses, sola, acompañándolo las 24 horas del día. Los médicos se acercaron y me dijeron que me despidiera de mi esposo. Mientras caminaba a la sala de cuidados intensivos me paré y me apoyé sobre la pared, llorando. Hacía meses que habían fallecidos mi madre y mi hijo y estaba desconsolada. Entonces una enfermera se acercó y me llevó a una habitación vacía. Me dijo que mi esposo iba a salir bien y yo le conté lo que los médicos me habían dicho. Ella volvió a decirme que iba a salir bien y que no iba a morir. Entonces me abrazó y nunca jamás he tenido una sensación de tanta paz en toda mi vida.

La enfermera vestía de blanco y llevaba la etiqueta con su nombre. También me dio una tarjeta con el número de teléfono de la sala de cuidados intensivos para poder llamar directamente. No era un número que normalmente daban al público sino que uno tenía que llamar a la centralito y de allí te comunicaban con la sala que solicitabas.

Bueno, cuando me alejé, sabía que mi esposo iba a estar bien y les decía a los médicos que no iba a morir. Ellos pensaban que estaba a punto de tener un colapso.

El tiempo pasó y nunca más vi a la enfermera. Mi esposo mejoró y lo trasladaron a su propia habitación. Agradezco a Dios por ello porque así pude quedarme con él en la misma habitación todo el tiempo.

Todos los que trabajaban en la sala de cuidados intensivos venían a verlo menos aquella enfermera y no lo entendía. Me parecía tan raro ya que había sido ella que me había infundido tanta fe. Así que un día empecé a preguntar por ella pero me dijeron que nadie de ese nombre trabajaba allí. Les describí su aspecto pero me dijeron que nadie jamás de ese nombre había trabajado allí.

No lo podía entender...entonces busqué la tarjeta con el número que me había dado y se los mostré. Ellos estaban muy sorprendidos de que yo tenía ese número y no entendían cómo lo había obtenido.

Me di cuenta de que un ángel me había visitado para que me diera cuenta que todo iba a salir bien. Nunca he tenido la misma sensación que experimenté cuando me tocó. Fue una sensación tan maravillosa...el mejor sentimiento de toda mi vida. Nunca olvidaré lo que experimenté aquella noche en el hospital. Así que hay ángeles y yo tuve una para cuidar de mi esposo y de mí.

Mi esposo está en casa ahora y está bien. Tiene algún problema con la tensión pero en verdad él es un milagro. Los médicos no podían creerlo porque dijeron que ese hombre se moría. Me quedé en esa planta durante muchas horas orando. Dios sabía que me encontraba sola así que me envió una de Sus ángeles. Les dije a los médicos: "Sólo tienes que creer".

ANALÍA

Una ayuda en la subida

Mi esposo y yo íbamos en coche al funeral de un

sacerdote amigo nuestro y debíamos subir un cerro llamado "Cerro Quince Kilómetros" porque estaba a quince kilómetros de algún sitio que nunca supe cuál era. Las carreteras estaban cubiertas de hielo y en la subida veíamos los coches por delante resbalar de un lado a otro.

Estábamos avanzando lento pero constante en su mayor parte, pero cuando faltaba poco el auto quedó empantanado. Entonces dos hombres vinieron y nos empujaron hasta la cima. Cuando miramos hacia atrás para saludar y agradecerles, ya no estaban. ¡Y nos encontramos en la cima del cerro!

MARGARITA

¡Pagados!

Mi historia ocurrió hace más de veinte años. Lo habían despedido a mi esposo de la fábrica donde trabajaba y yo necesitaba cirugía en los ojos. Necesitaba gafas nuevas, que era muy importante, por supuesto, pero no teníamos el dinero para comprarlas.

Me revisaron los ojos y me dieron la receta para las gafas así que fuimos a encargarlos en una óptica. Me llamaron para avisarme que las gafas ya estaban listas para retirar. Les pedí que esperaran un poco porque estábamos en el proceso de juntar el dinero. El encargado me contestó que ya habían sido pagados. Le pedía que repitiera lo que me acababa de decir y me repitió que ya se había pagado por las gafas.

Las únicas personas que sabían que habíamos encargado las gafas eran mi esposo y yo. No quise decirle a mi madre porque los hubiera pagado si le hubiera contado. Le pregunté al encargado quién los había pagado y me contestó que no lo sabía pero estaban pagados.

Estoy segura que fue un ángel. No tengo ninguna duda alguna que fue un ángel. ¡Lo sé!

KATARINA

Mi ángel de la moto

A mi marido y yo nos encantaba andar en moto cuando estábamos recién casados. Ambos teníamos nuestros propios Harley Davidson. La mía era una Superglide 1976 1200CC y el suyo era un Low Rider.

Cierto día nos volvíamos a casa después de pasar la tarde en moto. Iba demasiado rápido para las condiciones de humedad y me di cuenta que no iba a poder parar a tiempo ante la próxima señal de Stop. Le di fuerte a los frenos y la moto empezó a tambalear de un lado a otro. Vi un coche que se acercaba a mi derecha mientras llegaba al final de la rampa y oía que el conductor del coche le daba fuerte a la bocina.

Todavía estaba yendo bastante rápido para poder detenerme a tiempo, pero justo cuando llegué al final de la rampa, mi moto se paró en seco al mismo tiempo que el coche me pasó a toda velocidad, aún haciendo sonar la bocina. Si hubiera seguido unos cuantos centímetros más, me habría chocado.

Mi marido finalmente se detuvo a mi lado sacudiendo la cabeza con asombro total que no haya sido golpeada por el coche...y asombrado también por cómo me las arreglé para no perder el control de mi moto. Me di vuelta y lo miré, también conmocionada por lo que pudo haber sido. Pensamos en la forma en que mi moto no cayó y la forma en que se detuvo tan abruptamente antes de que el coche pasó - estábamos seguros de que era mi ángel de la guarda que tomó el control de lo que podría haber sido un accidente muy grave.

¡Gracias ángel de la guarda!

CINDY

Llevé de paseo a un ángel

He tenido varios encuentros angelicales. Uno que fue muy sorprendente pasó hace unos tres años, cuando yo estaba en mi camino a casa.

Ya había parado para comprar una ensalada, así que no tenía ninguna intención de parar otra vez. Había tomado una salida y me aproximaba a un McDonald's y de repente escuché en mi cabeza una voz que me decía que parara en el McDonald's para unas galletas con chispas de chocolate. No deseaba comer galletas pero la sensación era insoportable para mí. Al entrar al lugar de estacionamiento vi a un hombre blanco, con un bronceado bonito y el pelo color canela. Llevaba pantalones cortos marrones y una camiseta marrón y tenía un collar de caucho negro con una cruz alrededor de su cuello. En sus manos sostenía un cartel. Decía: 'Tengo hambre. Todo me viene bien. Dios te bendiga'. Recuerdo haber pensado que para mí no tenía aspecto de una persona sin hogar, o por lo menos no como suelen ser. Se veía muy diferente, casi 'angelical'. Quiero decir que tenía la piel con la tez más hermosa. Era más moreno que yo y tenía los dientes muy bonitos y los ojos más hermosos que he visto en mi vida. Sabía que había algo especial en él.

De todos modos, compré mis galletas y me estaba por ir pero sentí como que Dios quería que yo fuera y le ayudara a él, así que me di la vuelta. En ese momento él estaba sentado en la acera y una familia, un hombre, su mujer con su hijo se acercaron a él y le dieron una bolsa de comida de McDonald's. La mujer me miró fijamente a los ojos y me dio un guiño, como si fuera mi turno de tomar el relevo y ayudarlo. Estaba comiendo su comida y bebiendo su bebida y le pedí que entrara a mi coche.

Yo soy muy cauto por naturaleza, así que para mí, dejar que suba un extraño a mi coche ya es todo un milagro en sí. Se sentó en el asiento del acompañante y empecé a hacerle preguntas acerca de lo que estaba haciendo en ese lugar. Él me contó una larga historia de cómo él caminó unos 45 kilómetros de los Tribunales hasta dónde lo encontré y cómo se fue a la corte por el juicio de su novia. Le pregunté a dónde iba a ir, y él me contestó que iba a pie a una parada de camiones en otro pueblo a unas 50 o 60 kilómetros de distancia. Le dije que si él me explicara cómo llegar allí, lo llevaría. Estaba muy agradecido y empezó a hablarme acerca de cómo él había orado por la comida, lo cual ya había conseguido.

Había orado para que alguien le llevara y yo le estaba llevando. Él me decía todo el tiempo que Dios respondió a todas sus oraciones, porque creía en Él.

Me habló de cómo él siempre oraba y cómo Dios siempre contestaba sus oraciones y le bendecía también. Yo estaba tan sorprendido, porque sabía que en ese momento estaba hablando a mí en un nivel espiritual. Él empezó a hablarme sobre el perdón, de dejar atrás el pasado; me habló del ego y la fe. Básicamente me habló sobre todas las áreas de mi vida en las cuales tenía problemas. Ningún extraño podría haber sabido esas cosas de mí. Fue una verdadera bendición de Dios.

Finalmente llegamos a su destino, una parada de camiones. Antes de que se bajara del coche, le pedí que orara por mí. Me dijo: No, pero oraré contigo. Y sonrió. Me dijo que tendría que confiar en él, y lo hice, extendió su mano y me pidió que cerrara los ojos. Luego dijo la oración más bella y pidió a Dios que me bendijera. Se bajó del coche y antes de marcharse me dijo que yo tenía que mejorar en tres cosas: la fe, la paciencia y el orgullo. Le dije: "¿Por qué crees que tengo demasiado orgullo"? Él me miró fijamente a los ojos y dijo: "Sí, tienes orgullo y demasiado."

Yo estaba muy sorprendido. También me dijo antes de marcharse que lo volvería a ver, que debía seguir creyendo y tener fe. Recuerdo haberme alejado con la sensación más eufórica y anonadada que una persona podría experimentar. Acababa de experimentar un encuentro con un ángel y lo sabía desde el momento en que lo vi. El sol se estaba poniendo y era la noche más hermosa que una persona podría pedir. Llegué a casa y antes de bajar, miré hacia abajo y vi que había dejado su letrero de cartón. Quedé sorprendido, no sólo había tenido un encuentro angelical, sino que también me había quedado un recordatorio tangible de que había sucedido. ¡Gracias Dios por siempre darme las experiencias más hermosas de la vida!

UN CREYENTE

El ángel de amor y misericordia

Esta experiencia que ocurrió sucedió hace muy poco, ayer. He estado enferma de sinusitis con una posible infección también (una enfermera me dijo que me quedara en la cama, que descansara mucho, bebiera mucho líquido, etc.). Yo estaba muy desesperada porque sabía que tenía que trabajar al día siguiente (hoy lunes). Yo tenía miedo de que de alguna manera no lograría hacerlo. Tenía mucho dolor en la cavidad nasal, y me sentí absolutamente agotada. No podía respirar por las fosas nasales y tenía que respirar por la boca, lo que causaba sequedad de boca y mucha dificultad para respirar. Mis alergias estaban en su apogeo. Le dije a mi novio por teléfono: "Yo no sé cómo lo voy a hacer. Me quiero morir!" Y aunque realmente no quería dejar esta tierra, me sentía tan enferma y tan llena de desesperanza y temor por el futuro inmediato que yo realmente quería estar libre de dolor inmediatamente.

Me acosté a dormir la siesta, aún hablando por teléfono con mi novio. No sólo me sentía mal físicamente sino también me sentía muy mal porque tenía lástima de mi misma. Estaba tan cansada, que había dejado una lámpara encendida (a la izquierda). No podía respirar bien. Tenía escalofríos y estaba helada, a pesar de que llevaba una bata de baño muy cálida, mi pijama y dos mantas gruesas. Sentía mucho frío en cualquier parte de mi cuerpo que fuese expuesto. Eran las cuatro de la tarde exactamente.

Fue entonces cuando sentí que había alguien más en la habitación, casi como si mi novio estaba allí junto a mi cama con una mano en mi hombro y me preguntaba si yo estaba abrigada lo suficientemente y me decía que todo iba a estar bien. Creo que tal vez me moví un poco, pero sólo para acurrucarme más profundo debajo de las sábanas. Me di cuenta de que, incluso con los párpados cerrados, había de repente una luz muy grande en la habitación (era tan brillante que podía ver la línea donde están las pestañas). Mi lámpara con su luz tan tenue no podría haber dado una luz tan fuerte. Además, era un día muy nublado y lluvioso, por lo que esa luz no podría venir desde el exterior. Descubrí que podía espirar mejor, al menos temporalmente, en una fosa nasal. Y fue entonces cuando oí una voz en mi cabeza decir: 'Yo soy el ángel del amor y la misericordia.'

Eso fue todo lo que recuerdo de ese incidente. Lo siguiente que supe fue que estaba dormida. Me desperté con la sensación de que había dormido durante horas. Ya no tenía los escalofríos y me sentía extrañamente fuerte y con energía. Eché un vistazo a mi reloj, 16:15. Yo había estado dormida durante 15 minutos, como máximo. ¡Sólo 15 minutos! Traté de darle sentido a lo que había sucedido durante unos minutos, y luego miró el reloj de nuevo con incredulidad. Entonces cogí el teléfono y le pregunté a mi novio cuánto tiempo había estado dormida. "Sólo 20 minutos", dijo.

Un poco más tarde, leí I Reyes 19:1-9 acerca de la visita de un ángel a Elías y encontré dos paralelos muy interesantes. En primer lugar, Elías había estado sintiendo profundamente desalentado, como yo - incluso hasta el punto en que quería morir. En segundo lugar, Elías también durmió como yo.

Creo que era un ángel que vino a consolarme, ya que varias personas, incluso mi novio, estaban orando por mí. Terminé sintiendo esperanza en lugar de desesperanza y desaliento. Me acordé de que puedo hacer cualquier cosa a través de Cristo que me fortalece y me fui a trabajar hoy y logré terminar todo con éxito y sin impedimentos de salud.

Tengo cita con el médico para mañana para saber si realmente tengo una infección. Estoy convencida de que si mi médico dice que sólo estoy sufriendo de alergias entonces es que Dios me sanó, porque sé que el fin de semana mis síntomas eran peores y se parecía a una infección muy grave. Estoy convencida de que el ángel del Amor y la Misericordia fue la respuesta de Dios a la oración por mi sanidad.

DINA

Extrañaba a mi madre

Era octubre de 2008 y faltaba poco para el Día de los Muertos. Hacía poco que mi madre había fallecido y deseaba colocar sobre su tumba unas flores pero yo vivía muy lejos y no podía conseguir a nadie que lo haga por mí. Estaba escuchando la canción 'Deseando Que Estuvieras Aquí Nuevamente' de 'El Fantasma de la Ópera'.

Canté esa canción, y dejé que el Señor sanara mi dolor por medio de la canción. Dos días más tarde me fui de compras en una tienda de comestibles del vecindario. Cuando iba llegando a la Caja, vi a una mujer mayor, que era el vivo retrato de mi mamá – la misma forma de caminar, las mismas venas grandes en sus manos - me quedé helada. Me encontraba detrás de ella en la cola de pago. ¡Ella sonreía, igual que lo hacía mi mamá! No podía dejar de mirarla fijamente, y entonces ella inclinó la cabeza y me miró.

Cuando llegó mi turno en la fila, le dije a la cajera lo mucho que esa mujer se parecía a mi madre. Miré hacia abajo y me di cuenta que la mujer se había olvidado su bolsa de platos descartables. Corrí hacia ella, se volvió, sonrió y logré decirle: "Señora, usted se olvidaba esta bolsa; ¡que Dios la bendiga!" Le sonreí y se lo puse en sus manos. Cuando toqué sus manos me invadió una paz como nunca había sentido en toda mi vida, Ella sólo me miró a los ojos y yo quería que ese momento durara para siempre – sentía tanta paz, gozo y consuelo. Pasó la mano por mi mejilla y yo sonreí. Luego se dio la vuelta y se fue...con la misma forma de caminar que mi madre.

Entré a la tienda y le comentó a la cajera, quien me dijo que nunca la había visto antes en la tienda - muy interesante, ya que había trabajado allí por 10 años o más. ¿Fue un ángel? Yo creo que sí. Tan pronto como la cajera me dijo eso, la mujer simplemente desapareció, nunca la vimos salir en coche y ella estaba caminando muy lentamente.

He descubierto que Dios sabe cuando necesitamos consuelo especial, y creo firmemente que envió ese ángel para mí para decirme que me amaba, y qué mamá estaba con Él.

CAROLINA

Un ángel me socorrió en la parada de autobús

Hace mucho tiempo, cuando era más joven era rebelde. Un día me encontraba en el centro de Long Beach, California, alrededor de la una de la mañana. Era mi cumpleaños y me había subido a un autobús desde Los Ángeles a la playa sin saber a dónde iba a parar. Estaba vestida con una minifalda y una camiseta sin mangas. Cuando estaba lista para volver a casa me di cuenta de que no tenía idea de cómo volver. Esta era la primera vez que estaba en esa ciudad y sólo había estado en California durante aproximadamente un mes.

Yo tenía 20 años, tenía sólo un abono de autobús y estaba sentada en el banco de la parada de autobús y estaba congelada. Recuerdo que cerré los ojos y le pedí a Dios que por favor me ayude a volver a casa, que era un motel donde estaba alojada en por 35 dólares la noche.

Entonces recuerdo que un hombre se acercó a mí. Parecía un hombre normal con vaqueros y una camisa azul marino con capucha. Me preguntó si me iba a casa y le contesté que sí. A continuación, comenzó a decirme que tomara el próximo autobús y que me bajara en la última parada. El conductor del autobús me daría una transferencia y que debía tomar ese autobús hasta la calle Lamar. Entonces se alejó. Hubiera visto por dónde iba, pero el autobús llegó justo entonces. Subí y el conductor me dio una transferencia aunque no la había pedido.

Los siguientes acontecimientos ocurrieron tal cual el hombre me había dicho. Llegué bien al motel. Me di cuenta de que no tenía idea de dónde había venido ese hombre, que no tenía miedo cuando él se acercó a mí aunque estaba en un lugar solitario y que nunca le dijo a dónde iba. Lo único que puede explicarlo es que era un ángel.

JANET

Una navidad feliz

Era el 6 de diciembre 2006 y cuando estaba en el trabajo, mi walkie-talkie sonó. Lo cogí pensando que era el departamento de mantenimiento que a veces me llamaba, dije: "Adelante." Cuando nadie respondió, miré el nombre en el identificador de llamadas y vi el nombre de mi hijo, Graham. Sabiendo que estaba en el trabajo o bien en el trayecto entre las oficinas de la compañía donde trabaja y los lugares de repartición, que solía ser en Hampstead, Greenville o Clinton, Carolina del Norte, Estados Unidos.

Pensé que tal vez me quería saludar mientras conducía cuando de repente me di cuenta que ya me había saludado esa mañana antes de salir de casa. Marqué su número y dije "hola". Sin embargo no hubo respuesta. Finalmente, después de un tercer intento fallido de comunicarme, decidí que debía ser una mala conexión ya que estaba dentro de un edificio. Me levanté de mi escritorio, salí a la calle y una vez más traté de localizarlo. Pero nuevamente sin respuesta. Empecé a pensar que estaría conduciendo a través de una zona sin cobertura. Cuando finalmente se puso al teléfono unos segundos más tarde, supe que algo andaba muy mal y que necesitaba ayuda.

Graham rompió a llorar. Cuando le pregunté qué estaba pasando no dejaba de repetir que él no lo sabía. Esto continuó durante un rato y todo el tiempo, él no soltaba el botón que me permitiría hablar con él.

Cuando le pude devolver la llamada, le dije,

- Graham, podemos hablar de lo que está pasando después, dime dónde estás. - No dijo una palabra. Me volvió la llamada pero mantenía pulsado el botón. Por los sonidos en el teléfono podía oír el viento y sabía que él estaba conduciendo. Pulsé el botón de salida en mi teléfono para cortar y le supliqué:

- Por favor, Graham ¡dime dónde estás! - Sin embargo, aún no me decía dónde estaba, sólo sollozaba incontrolablemente y repetía que estaba preocupado y hablaba de una manera extraña. Tan pronto como pude hablar con él, le pregunté si estaba conduciendo y si estaba solo. Con voz débil, él finalmente admitió que sí. Desesperada, le rogué,

- Graham, ¿dónde estás hijo? Por favor... por favor, ¡detente! Dondequiera que estés, ¡detente, hijo! ¡Sólo para el camión!

Graham es el mayor de mis dos hijos. Fue diagnosticado con diabetes juvenil cuando tenía cinco años de edad. Ahora, a la edad de veintisiete años, todavía de vez en cuando tiene problemas con el azúcar en la sangre. Sabía en mi corazón que estaba en shock por la falta de insulina.

Le oía teclear el teléfono, pero sin decir una palabra. El único sonido era el viento que sopla en el teléfono. Sin saber qué hacer después, volví corriendo a la oficina y le dije a mi jefe que tenía una emergencia y me tenía que ir. "Graham está en problemas, Catherine. Me tengo que ir!" Ella también podía oír el sonido del viento que venía del aparato.

En histeria, le dije lo que pensaba que estaba sucediendo. Después de haber trabajado juntas casi diecisiete años, ella era muy comprensiva y conocía mi situación. Esta fue una de las muchas veces que tuve que salir corriendo hacia donde él estaba. Desesperada, dijo,

- Sandy, ¿dónde vas? ¿Sabes dónde está? - Al darme cuenta de que no sabía dónde estaba, le dije:

- No...¡Pero tengo que ir! - Ella me suplicó que no la dejase y que llamara al 911 – el número para emergencias.

Decidí llamar a su trabajo - tal vez alguien sabía dónde iba y la ruta que tomaría. Después de buscar desesperadamente el número de su trabajo (que por lo general lo sabía), llamé a la oficina. Hablé con su jefe y me informó que de hecho su destino era Hampstead, Carolina del Norte y la ruta que tomaría sería la Interestatal 40. ¡Entré en un manojo de nervios!

Hoy parecía ser una repetición del 19 de mayo de 2003. Graham había dejado de trabajar en Smithfield para ir a almorzar. Su nivel de azúcar había descendido al conducir por la carretera. Se metió en una zanja y chocó contra un poste de luz tras perder el conocimiento. En ese accidente automovilístico sufrió una conmoción cerebral y una fractura en la espalda. Sin embargo, quedó sin daños permanentes.

Después de ver la escena del accidente, supimos que había sido protegido por su ángel de la guarda - a pesar de estar herido, podría haber sido mucho peor. Este joven se había metido en una zanja e incluso chocado contra un poste pero ¡no cruzó los cuatro carriles de tráfico! Todavía estaba vivo y nadie más había sido lastimado. Teníamos mucho por el cual estar agradecidos.

Ahora lo único que podía pensar era en mi hijo y en otro accidente. ¡Esta vez se encontraba en una autovía interestatal con mucho tráfico, en el camión de la empresa y solo! Después de que su jefe me dijo que salía para buscarlo, lo único que podía hacer era orar para que alguien lo hallara ¡antes de que fuese demasiado tarde!

Nuestra secretaria, Rona, se detuvo en la puerta de mi oficina. Sólo recuerdo que me dijo: "¡Voy a orar!" No recuerdo si le contesté o no pero no tenía ninguna duda de que lo haría. Ella era esposa de un pastor, y supe que muchas de sus oraciones habían sido contestadas. Y yo sabía que en ese momento, Graham definitivamente necesitaba oración.

Desde mi oficina pude oír a Catherine hablar por teléfono con 911. Ella me preguntó qué vehículo estaba conduciendo. No tenía ni idea. Pero le dije:

- Un camión pequeño de ocho o diez ruedas, creo que es blanco – lleva el nombre de la compañía: 'Calefacción Y Aire Peterson' creo. - Yo no sé por qué le dije eso porque nunca había visto el camión ni le había escuchado describirlo aparte de describirlo como un camión pequeño.

Catherine le dio la información a la persona que le atendió la llamada a 911 que mi hijo era diabético, que estaba muy desorientada y necesitaba ayuda desesperadamente y cuanto antes.

Todo el tiempo, Graham seguía sosteniendo el botón del walkie-talkie. Si el dedo se salía de la tecla, lo volvía a colocar inmediatamente y así yo seguía oyendo el mismo sonido del viento. ¡Me sentí tan impotente! De vuelta en mi oficina, clamé: "Oh Dios, por favor ¡ayúdale!"

No pude lograr que cuelgue el tiempo suficiente para que llame a alguien más pero tampoco quería perder el poco contacto que tenía con él. Yo sabía que necesitaba saber exactamente dónde estaba. ¡Tenía que haber una forma! Pensé en su novia, Kelly y la próxima vez que soltó la tecla aproveché y rápidamente traté de localizarla en su walkie-talkie. ¡Me contestó! Le dije lo que estaba pasando y ella dijo que iba a tratar de hablar con él para saber dónde estaba. En ese momento, eso era todo lo que quería saber. Sabía que si podía encontrarlo volvería a estar bien. ¡Era mi única esperanza!

Después de un minuto más o menos, Kelly me llamó para decir que estaba en el Km. 64 en la I-40. Empecé a tener dificultad para respirar. Él estaba tan lejos y sabiendo lo que podría pasar pronto era insoportable. Kelly vivía sólo a tres o cuatro calles de donde yo trabajaba. A los pocos minutos estaba en la oficina. Ella sabía que yo era incapaz de conducir y que tenía que ir conmigo a buscarlo. Le dije que le había rogado que me dijera dónde estaba. Ella dijo.

- Él no me lo dijo tampoco, pero se lo dijo a Toby.

Toby y Graham habían sido muy amigos durante al menos cinco años o más. Habíamos tenido nuestras diferencias en el pasado, pero ahora mismo agradecía a Dios por él. Más tarde me di cuenta de que si no hubiera sido por Toby, esa Navidad no habría sido lo mismo.

Cuando estábamos a punto de salir, oí una voz muy débil en el walkie-talkie. Era Graham.

- Mamá, creo que estaré bien en unos minutos - dijo. ¡Yo estaba tan feliz de oír su voz! Le dije:

- Graham, ¿Estás bien? - Una vez más, él dijo,

- Creo que voy a estar bien en unos minutos, estoy comiendo algo ahora - me contestó.

- ¿Te has detenido? - le pregunté.

- Sí – me contestó – estoy sentado en el camión al lado de la autovía.

- Estoy en camino – le dije - ¿De dónde sacaste algo de comer?

- Yo estoy comiendo una barra de chocolate y bebiendo una Pepsi Cola – dijo - El hombre que enviaste me lo trajo. - Perpleja, le pregunté:

- ¿El hombre que te envié te lo dio?

- Sí - dijo. Pensando en la llamada que había hecho Catherine a 911 le dije,

- ¿Te ha localizado el Sheriff o la Policía? - Después de unos segundos dijo:

- No, no la ley...¿por qué? ¿Me están buscando?

Aún estábamos agitadas y temerosas pero muy aliviadas que estaba a salvo, al menos por el momento. Kelly empezó a hablar con él y contarle que Catherine había llamado al 911 y le estaban buscando. Le explicó que nos dimos cuenta de que necesitaba ayuda y como era tan lejos, no conocíamos otra manera de conseguir ayuda para él.

Nunca tuve una sensación igual como cuando dijo:

- Un hombre se detuvo y me dio una bebida y una barra de chocolate así que creo que estaré bien en unos minutos.

Kelly y yo nos miramos la una a la otra. Me dije a mí mismo, la policía tuvo que haberlo encontrado... estaba desorientado y es que no se ha dado cuenta quién era. Pero en mi corazón yo sabía diferente.

- ¿Qué hombre, Graham? - le dije - ¿De quién estás hablando?

De repente Graham parecía un poco agitado. Dijo:

- Mamá, ese hombre que has enviado con la Pepsi y el Kit Kat. Yo no sé quién era...¡el hombre con el pelo blanco largo y la barba blanca!

Lo único que pude hacer fue llorar y alabar a Dios. Yo sabía sin ninguna duda que Dios había enviado un ángel para ayudarle. ¡Yo no conocía a nadie con el pelo blanco largo y barba!

Después de lo que pareció el viaje más largo de mi vida, llegamos al Km. 64, y Kelly dijo: "¡Allí está su camión!" El camión estaba al costado de la autovía interestatal, pero en vez de estar en el carril sur, estaba en el carril en dirección norte. En ese momento, no importaba. ¡Lo habíamos encontrado!

Seguimos conduciendo en busca de una salida y dar la vuelta para llegar a donde él estaba. Tomamos la próxima salida - a unos 7 kilómetros, cruzamos el puente y nos dirigimos hacia el norte y hacia donde estaba Graham. Cuando nos acercamos a la camioneta blanca, leí 'Calefacción Y Aire Peterson'. Yo sabía que había sido Dios quien me había dado la descripción del vehículo.

No había nadie alrededor, estaba solo. Me acerqué al camión y Graham abrió la puerta y empezó a salir. Tenía en la mano una lata de Pepsi y la envoltura del Kit Kat estaba en su regazo. Sabía que había ocurrido un milagro. Graham no se había detenido a comprar la bebida y el chocolate. No había ninguna tienda alrededor para comprar esas cosas. Nadie habría sabido que Graham sólo necesitaba una barra de chocolate o una bebida para estar bien. Si alguien se hubiera parado a preguntarle si necesitaba ayuda, probablemente habría pensado que estaba intoxicado, y pudieron haber llamado la policía. Seguramente no se les hubiera ocurrido ayudar a esta persona entregándole una bebida sin abrir y la golosina a alguien que no conocen y mucho menos sabrían que era diabético. Una vez más, agradecí a Dios, porque yo sabía que ¡Él había estado allí!

Toqué suavemente el cuello de Graham. El motor del camión seguía andando y la calefacción estaba encendida pero él estaba helado.

- Graham – le dije - ¿estás bien, hijo? ¿Por qué estás tan frío?

- No sé mamá, pero estoy bien – me contestó.

Se subió a mi camioneta y le pregunté acerca de la bebida y el dulce de nuevo. Nunca olvidaré la mirada en sus ojos llenos de lágrimas mientras describía el ángel que le salvó la vida en un día frío de invierno. "Escuché a alguien decir que me detuviera. Mi cerebro pensaba parar, pero no pude sacar mi pie del acelerador y ponerlo en el freno. Seguía escuchando la voz que detenga el camión, pero lo único que podía hacer era sacar el pie del acelerador para que el camión disminuyera la velocidad, pero no pude hacer que se detenga."

Le pregunté por qué mantenía pulsado la tecla del walkie-talkie sin decir nada. Nos dijo que él no era capaz de hablar, pero tenía miedo de que si soltaba la tecla no podría pulsarlo de nuevo. Él dijo: "Mi dedo se resbalaba y yo sabía que no podría llamarte nuevamente." Casi llorando, continuó "Cuando finalmente me detuve, yo estaba sentado aquí. Un hombre con el pelo largo y una barba blanca golpeó la ventana, pero no pude bajarla. El hombre abrió la puerta, me tocó el hombro y me entregó la Pepsi y una barra de chocolate y me dijo: "Hijo, siéntate aquí, vas a estar bien, la ayuda está en camino.", dijo Graham, "No podía darle las gracias por lo que sólo asentí con la cabeza y se fue. No sé adónde fue, pero nunca olvidaré su cara."

Las lágrimas me rodaban las mejillas. ¡Sólo que ahora eran lágrimas de alegría! Siempre he creído en los ángeles. Este ángel, enviado por Dios había estado con mi hijo cuando yo estaba a sesenta kilómetros de distancia y no podía llegar a tiempo. Este ángel le salvó la vida.

Al llegar a la sala de emergencias, Graham parecía estar bien. Sus análisis de sangre dieron OK. Una vez más, me di cuenta de que Dios estaba en control.

Yo sabía lo que Dios podía hacer. Lo había sabido por muchos años, pero este evento ha cambiado mi vida para siempre. Y tengo que contárselo a todos. ¡Dios es bueno!

"Confía en el Señor con todo tu corazón, y no te apoyes en tu propio entendimiento." Proverbios 3:5

SANDY

Un susto en el río

Mi nombre es Silvia y tengo 48 años de edad. Cuando tenía unos 13 años fui con mi amiga Bea a bucear y nadar en un río fangoso. Me zambullí en el río y quedé atrapada en una corriente de agua submarina. No podía ver en qué dirección estaba la superficie. Recuerdo que mis pulmones estallaban y a punto de colapsar debido a la falta de aire. Me di por vencida y mi cuerpo quedó inerte.

De la nada sentí unas manos agarrar mis tobillos y colocarlos en el suelo del río. De esa manera pude Inmediatamente impulsarme directamente hacia la superficie del agua. Mi amiga estaba tan contenta de verme. Ella dijo que estaba bajo el agua durante mucho tiempo. No había nadie a nuestro alrededor. La única explicación que tengo es que un ángel de la guarda me salvó. Eso creo yo.

SILVIA

Ángeles en el precipicio

Mi abuela, mi madre y yo nos dirigíamos a British Columbia (Canadá) para la Pascua. Tenía unos 6 años y necesitaba salir del coche para correr y jugar así que paramos en los Icefields de Columbia que es una zona montañosa con lagos y glaciares y decidimos dar un paseo.

Yo estaba corriendo por delante y mi mamá me gritó

que vaya más despacio. Justo cuando giré para ver dónde estaban, vi a mi abuela caer y empezar a deslizarse hacia un precipicio. Mi madre la cogió, pero ya tenían tanto impulso que no se pudieron detener. Estaba gritando a todo pulmón, pero no había nadie alrededor. Podía ver a mi abuela y mi madre deslizándose hacia el borde del acantilado cuando de repente dos hombres, vestidos en el equipo para escalar completo (que no es necesario para una caminata por ahí) aparecieron de la nada y agarraron a mi madre justo cuando la abuela se iba por el borde y levantaron a la abuela como si fuera una pluma.

Ellas estaban golpeadas y doloridas pero ¡estaban vivas! Justo cuando se ponían de pie fui corriendo hacia ellas pero los dos hombres se habían ido. Yo sé quiénes eran y mamá y la abuela están seguras de lo que les sucedió. Siempre estaremos agradecidos a estos dos hombres/ángeles. Es gracias a ellos que no perdí la única familia que tenía.

DESCONOCIDO

Un ángel en el buque

Era marino y en 1974, mientras me encontraba en Pearl Harbor, alguien con quien había estado bebiendo puso LSD en mi vino. Lo hizo también con varios otros. Todos regresamos a la base, y algunos de los chicos estaban reaccionando alocadamente. Oré pidiendo ayuda. Un marinero abrió la puerta y preguntó qué pasaba. Le conté lo que había sucedido. Me pidió que sacara a todos y los llevara a su camarote. Lo hice.

Allí en el camarote de este marinero nos preguntó si creíamos en Dios. Todos compartimos nuestras experiencias acerca de Dios y es cuando me di cuenta de que estaba sobrio.

Era demasiado pronto porque la LSD es una experiencia de 18 horas. Sólo habían pasado unas horas desde que habíamos bebido. Al día siguiente fui a la habitación para dar las gracias al hombre. Cuando fui a su camarote, nadie había estado allí durante meses. Yo trabajaba en comunicaciones y no había habido movimientos de buques. Nadie más que los chicos que habían bebido con LSD recordaban aquel hombre. Ha sido un misterio durante casi 40 años.

Sólo puede haber una explicación, que ese marinero o era un fantasma o un ángel. Debido a la forma en que hablaba de Dios yo creo que era un ángel.

G.M.

Un ángel me dio paz

Yo estaba en la sala de recuperación en un hospital de Miami. Acababa de dar a luz a mi hijo Lester y yo me sentía muy sola y asustada porque mi familia no estaba allí conmigo. Mi hermano había fallecido un mes antes así que me imaginaba que todo el mundo estaba todavía de duelo. No podía conciliar el sueño de ninguna manera.

Empecé a sentir una presencia en la habitación y que era tan fuerte que tenía miedo. Al mirar a la puerta vi allí una hermosa mujer afroamericana en el antiguo uniforme de enfermera de los años 40 o 50. Estaba de pie justo afuera de mi puerta. Tenía alrededor de 65 a 70 años de edad con la piel morena y los ojos más cariñosos que he visto nunca. Ella no dijo nada, sólo entró en la habitación y tomó mi mano entre las suyas y me sonrió. Me sentí muy en paz y me quedé dormida inmediatamente.

A la mañana siguiente le pregunté a una de las otras enfermeras sobre aquella mujer y me contestó que nadie de esa descripción trabajaba allí y que no se llevaba más ese uniforme. Ella me dijo que debía haber estado alucinando debido a los medicamentos.

Yo sé lo que vi y lo que sentí. Yo no estaba alucinando y doy gracias a Dios hasta el día de hoy, por haberme enviado ese ángel en un momento de mi vida que necesitaba consuelo.

KATY

Un ángel conocía mis temores

Esto sucedió hace casi nueve años, durante el verano; yo tenía 11 años, cuando mi familia fue a visitar a parientes en otra provincia. A veces me olvido incluso que esto haya pasado, pero cada vez que pienso en ello, no sé muy bien cómo explicarlo a menos que haya tenido un encuentro con un ángel.

Un día durante nuestra visita, nos llevaron a la ciudad vecina para hacer un poco de turismo y algunas compras. Cuando llegamos allí por la mañana, aparcamos en una de las plantas superiores del aparcamiento - lo que nos obligó a tomar un ascensor hasta el nivel más bajo antes de salir del aparcamiento. A los 11 años, mi miedo a las alturas y a los ascensores (puede sonar extraño, pero es cierto) era más intenso, y en particular porque este ascensor era antiguo y extraño y me asusté bastante cuando bajamos en él. Sin embargo, no pasó nada y salimos a pasar el día.

Más tarde, cuando nos dirigíamos de nuevo hacia el aparcamiento, empecé a pensar que debía volver a subir en ese ascensor de miedo y me puse muy nerviosa. Tenía una sensación extraña en mi estómago y sentía mucho miedo.

Recuerdo que estábamos caminando por la calle, en un grupo y yo iba última. No dije nada a nadie pero en mi interior me sentía como que me iba a desmayar. En ese momento pasamos en frente de un viejo hombre afroamericano que estaba sentado afuera de una puerta o algo así. Me miró y dijo algo así como: "No pasa nada, no te asustes ahora".

Todo sucedió muy rápido, y al principio pensé que tal vez estaba hablando a otra persona en el grupo. Pero las otras personas en nuestro grupo ya le habían pasado antes que yo. Sus palabras no parecían estar dirigidas a nadie más. Incluso recuerdo haber pensado: '¿Alguien le habrá dicho lo asustada que estaba?' porque parecía que él se refería específicamente a mí.

Bueno, sus palabras fueron exactamente lo que necesitaba, me tranquilizaron muchísimo, y yo sabía que estaba bien y pude subir por el ascensor sin problema. Tengo casi 20 años ahora, y todavía no tengo una explicación para esta historia que puede ser considerada como 'lógica'. Ninguna otra cosa semejante me ha sucedido. Todo lo que sé es que era justo lo que necesitaba en ese momento, y nunca lo he olvidado. Estoy agradecida de que mi miedo aparentemente tonto por un ascenso de un aparcamiento no fue demasiado trivial para que Dios me enviara un consuelo.

CECILIA

Un ángel me salvó la vida

El 17 de mayo de 2010 me estaba dando un paseo tranquilo en mi Harley Davidson, en una ruta que había tomado docenas de veces antes. Fue un hermoso domingo por la tarde y estoy agradecido por una nueva ordenanza de la ciudad que hace obligatorio el uso del casco.

Estaba en una intersección esperando que la luz cambie a verde. Cuando cambió, empecé a cruzar la intersección y fui golpeado de costado por un vehículo que se pasó la luz roja y que iba a más de 95 kilómetros por hora. Me amputó la pierna por encima de la rodilla inmediatamente. No recuerdo el impacto y quedé en coma durante 12 días hasta despertar en la sala de cuidados intensivos de un hospital donde me habían llevado en helicóptero.

Este relato de mi accidente es lo que me han contado las personas que ayudaron a salvar mi vida. He hablado con todas las personas que me ayudaron físicamente en el accidente, menos una.

Había un hombre que fue el primero que me ayudó y no morí gracias a lo que él hizo por mí. Todo lo que sabemos de él es que era tranquilo, y vestía una camiseta, pantalones vaqueros y sandalias. Me quitó el cinturón para usar como un torniquete y estaba de pie sobre mi pierna para que dejara de sangrar hasta que llegara la atención médica. Posteriormente perdí más del 60 por ciento de mi sangre y todo el personal médico allí no esperaba que yo viviera (aunque también hubo otros sucesos milagrosos en el accidente). Después de colocarme en el helicóptero, la policía, los paramédicos y los bomberos se volvieron para hablar con este hombre pero había desaparecido. Es nuestra especulación de que este hombre era realmente un ángel.

He tenido una recuperación milagrosa y ya me puedo movilizar bastante bien con mi prótesis. Me reconforta, sin embargo, que Dios estuvo conmigo, y está conmigo, y envió a Su ángel para asegurarse de que viviera para continuar Su obra.

KEVIN

Dos hombres peligrosos

Recuerdo que cuando estaba en la escuela primaria solía caminar a casa para almorzar en casa. Un día en mi camino de regreso a la escuela, había un jeep y dos hombres borrachos en el mismo. Sus ojos estaban muy rojos y parecían adictos a las drogas también. Una pequeña voz me dijo que me invitarían a entrar en su coche, y me llevarían a mi destino. Pero yo debía declinar esa oferta porque yo no los conocía… y entonces eso mismo sucedió.

Me invitaron a entrar en el coche. Yo estaba sola en ese momento y luego otra vez la misma voz me dijo que tuviera cuidado y no tuviera miedo. Me dijo que uno vendría por mí para hacerme subir al coche aunque yo no quisiera. Una vez más, eso mismo es lo que pasó. Un hombre bajó y caminó hacia mí. Oré mucho por mi seguridad y el miedo me estaba abrumando.

Entonces, como si mis oraciones fueran contestadas, alguien salió de la nada. Luego, los dos hombres se fueron y siguieron su camino. Nunca más vi a esa persona.

Esta experiencia me ha acercado a mi ángel de la guarda. Yo sabía que a partir de ese momento no estaba sola. Yo sabía que es mi ángel de la guarda que me ayudó. Esa pequeña voz que me dice qué hacer y que nunca me ha dejado en el tiempo de mi angustia. Doy gracias a Dios por darme un ángel de la guarda.

VALERIA

Mi ángel en un autobús

Esta historia sucedió hace unos 11 años, pero nunca lo olvidaré.

Yo estaba pasando por un mal momento y mi madre y yo nos peleamos. Sólo tenía 15 años en ese momento y tenía muchas ganas de estar con mi padre por razones personales. Sin embargo, mi madre me puso en un autobús y me dijo que me amaba y que no me olvidara de orar. Me sentía mal y con miedo así que orar era la última cosa en mi mente. Tenía un largo camino por recorrer desde Dallas, Texas a Boston. La verdad es que sentía mucho miedo.

En una de las paradas estaba buscando en mi bolso el dinero para pagar un refresco cuando encontré una carta de mi madre que me había escrito. Mi madre me decía que ella esperaba que yo permaneciera cerca de Dios en los momentos de dificultad y oraba para poder hacer más por mí. Ahora, te aseguro que esta prueba no tenía nada que ver con que mi madre no fuese una buena madre, sino conmigo mismo y de mantenerme con vida. Pero yo no podía decirle eso.

La última parte de la carta decía: "recuerda, no te olvides de orar". y "siempre te querré". Así que con esas palabras me quebranté y quedé dormido orando por mi madre para que no se sienta mal porque no era su culpa. Además, estaba orando por mí mismo y que alguien sea amable conmigo.

Mi historia que tuvo tanto impacto en mi vida no duró mucho tiempo, pero la recuerdo siempre. En una parada en el estado de Kansas algunos nuevos pasajeros subieron a bordo. Al lado mío se sentó un hombre. Cuando lo miré tenía los ojos brillantes como sólo he visto en un gato. Era tan amable que pensé de inmediato que no era de este mundo – bueno, no literalmente, sólo que era diferente -la forma de hablar, sus gestos. Entonces empezamos a hablar, o más bien lo hizo él, y hablamos de todo. Lo extraño es que hablaba sobre cada sentimiento que me estaba afectando en ese momento.

Él era estupendo. Me hizo sentir mejor en todo sentido en ese momento. Y él me contaba historias que vosotros no creeríais. Él también sabía cosas sobre mí que no podía explicar, como por ejemplo, mis problemas, mis pensamientos acerca de mis padres, y lo que aún iba a suceder. Eso fue hace 11 años y todo ha salido como dijo.

Lo triste fue que se debía bajar. Yo no sabía que él se subió al autobús por sólo 25 minutos. Sentí como si nuestra conversación había durado toda una vida en tan solo esos 25 minutos. Él me enseñó mucho, y sus últimas palabras fueron "Todo saldrá bien, no te olvides de orar y vivir la vida que Dios te dio, al máximo; uno nunca sabe quién va a conocer. ¡Dios te bendiga!"

DANIEL

Protección en la casa

Me gustaría darle un poco de historia sobre mi niñez. Yo soy uno de cuatro hijos. Mis padres perdieron dos hijos, mis dos hermanos más pequeños. Mi hermano Timoteo tenía sólo tres años cuando murió, golpeado accidentalmente por un coche. Luego mi hermana menor, Carla, falleció en 1977 a la edad de ocho años de leucemia.

En enero de 1996 le decía a mi marido que tenía la sensación de que algo iba a pasar a alguien en la familia. El rechazó mis pensamientos. En junio de ese año fuimos de vacaciones a la casa de mis padres en Chesapeake, Virginia. Antes de regresar a casa puse una impresión de la mano pequeña de mi hermanita Carla sobre la pared que divide el baño y el dormitorio. Luego dejamos a nuestras dos hijas mayores a pasar el verano con mis padres.

En la mañana del 27 de agosto 1996 mi hija Sally estaba abajo limpiando la cocina de mi madre. Ella dijo que una pequeña voz le decía que saliera de la cocina. Entró en la sala de estar para ver la televisión. Mi hija del medio, Nancy estaba en el dormitorio de mis padres y mi papá estaba durmiendo una siesta en el dormitorio de invitados.

Cinco minutos después de que Sally se haya sentado en la sala de estar, un camión de agua de 32 toneladas impactó la casa, metiéndose en la cocina, justo en el mismo lugar donde Sally había estado. El camión quedó en el sótano. Mi padre y Nancy pensaron que era un terremoto. Caminaron por el pasillo donde las escaleras solían estar. Encontraron un camión verde con el conductor aún con vida. La casa tuvo que ser demolida.

El camión quedó exactamente donde yo había colocado la impresión de la mano de mi hermanita. La impresión de la mano de mi hermanita se había salido del clavo y estaba colocada contra la pared en una posición dado media vuelta y ahí es donde el camión se detuvo. Mi padre y mis hijas no estaban heridos, sólo sacudidos.

No se explica cómo todos los miembros de mi familia pudieron salir ilesos de este accidente. Sin duda los ángeles nos han protegido.

HANNAH

Un ángel sustituye a mi madre

Durante semanas todas las niñas de Niñas Pioneras - un programa cristiano para niñas - estaban anhelando el banquete anual para las niñas con sus madres. Todas las chicas estaban muy emocionadas, excepto yo. Mi madre acababa de morir unos meses antes, y sólo pensar en estar sola mirando a todas las otras chicas hablando, riendo y comiendo con sus mamás me causaba mucho dolor y traía las lágrimas a mis ojos. Me sentí tan triste y no quería pensar que iba a tener que aceptar sola mi premio sin poder ver a mi mamá aplaudiéndome, sonriéndome, escuchar sus felicitaciones ni sentir su abrazo cuando regresaba a la mesa.

Finalmente llegó el día. Con el uniforme lavado y planchado, subí al coche de mi jefe de grupo para ir al banquete. Durante todo el camino traté de pensar en maneras de evitar estar sola. Tal vez podría sentarme con mi líder de grupo. Tal vez podría sentarme con mi hermana, que también era una Niña Pionera. Tal vez podría sentarme con mi mejor amiga y su mamá. Tal vez no sería tan malo después de todo.

Cuando llegamos a la Iglesia, me enteré que mi líder de grupo tenía una mesa especial en la parte delantera de la sala porque ella iba a entregar los premios - no podía sentarme con ella. Luego me enteré de que mi hermana iba a estar en una sala diferente, con las niñas de su misma edad - no podía sentarme con ella tampoco. Encontré a mi mejor amiga y su madre y nos fuimos a la mesa con las etiquetas de los nombres - pero descubrí que ¡ellos debían sentarse en otra mesa!

Ya tenía mi etiqueta con mi nombre y mi ubicación en las mesas y estaba sola. Empecé a sentirme mal y al mismo tiempo las lágrimas estaban a punto de brotar, cuando de repente, una mujer se acercó a mí. Me dijo:

- No tengo una hija aquí hoy. ¿Puedo sentarme contigo?

Sentí pena por ella - no tener una hija debe ser tan feo para ella como no tener a mi madre conmigo, para mí. Le sonreí a la mujer y le dije:

- Sí. - Ella tomó mi mano y me ayudó a encontrar nuestra mesa.

Eso pasó hace muchos años y ya no recuerdo el nombre de la mujer de mi historia - una mujer que se tomó el tiempo y se apartó de sus obligaciones diarios para buscar a una niña que nunca había visto antes. Esa mujer me cogió de la mano, se sentó conmigo, me hablaba, se reía conmigo, compartió una comida conmigo, me aplaudió, sonrió conmigo y me felicitó. Yo ya ni siquiera trato de recordar su nombre. Sé que el nombre que Dios le dio fue 'ángel en la tierra' y eso es lo que siempre será para mí – mi ángel aquí en la tierra que llenó mi vida de alegría en un momento tan difícil.

SILVIA

Un ángel me cubrió

Un día en 1981, estaba conduciendo a lo largo de la calle Headstone en la ciudad de Lincoln, Nebraska, (USA), cuando de repente mis luces se apagaron, mi silenciador empezó a arrastrarse, causando un montón de chispas y ruidos.

En ese momento iba en dirección oriente, así que tuvo que hacer un giro en U para volver a mi casa. Mis hijos estaban conmigo, un hijo de 3 años y una hija de 6. Los dos estaban muy asustados porque era una zona oscura y aterradora en la calle principal. Las señales a lo largo de la calle indicaban que era prohibido tanto detenerse como estacionar a toda hora. Cuando estaba haciendo el giro en U en la calle

56, donde está la planta de neumáticos Goodyear, me di cuenta de que a medio kilómetro atrás, la señal de semáforo estaba en rojo. Pensé que tenía tiempo suficiente para estacionar al lado de la planta y salir del coche. (Es un gran edificio industrial). Les dije a mis hijos que se dieran prisa y salieran del coche y esperaran al lado de la valla que rodeaba el edificio.

Yo mismo estaba tratando de apresurarme y salir del coche, pero ya era demasiado tarde, una gran camioneta verde me golpeó cuando estaba tratando de salir del lado del conductor del coche. ¡Yo sabía que todo había terminado para mí! Entonces, de repente, oí un silbido extraño y miré hacia arriba y ¡yo estaba bien! ¡Yo no lo podía creer! La camioneta se detuvo y la gente en la camioneta me preguntó si yo estaba bien. Ellos también estaban sacudidos por lo que acababa de suceder.

No podía hablar, estaba en un estado de shock y ellos también. ¡Su camioneta me había atravesado por completo! El ruido que había oído fue sin duda el sonido de las alas de un ángel cubriéndome y protegiéndome cuando la camioneta pasó a través de mí. Esto sucedió justo en frente de mis hijos que estaban gritando, porque pensaban que fui golpeado por la camioneta. ¡Yo nunca, nunca, olvidaré esa noche! Tendría que haber muerto pero un ángel impidió toda herida. No lo puedo entender, sólo puedo dar gracias.

RICK

Una advertencia

Esta es una historia que tiene una moral: ¡siempre hay que escuchar a tu ángel de la guarda!

Una mañana, cuando me desperté oí una voz que me decía, una y otra vez, que no suba a la embarcación - ¡no te subas al barco! Así que se lo conté a mi esposo. Ese día íbamos a pasear en barco con un amigo que iba a traer otro amigo que no conocíamos con su propio barco también.

Mi marido y yo hablamos de lo que yo había oído y tomamos la decisión de reunirnos con ellos en la playa, pero no ir en ninguno de los barcos ese día. Sin embargo, al final del día, después de no subir a ningún barco, mi amigo nos convenció a mi esposo y yo a hacer un corto paseo en el barco. Nos dimos por vencido y fuimos.

Mientras estábamos tirando de una de las cuerdas del tubo doble, la cuerda nueva de esquí se rompió. Se quebró debido a que uno de los dos tubos se cayó al agua y el conductor del barco, que había estado bebiendo, continuó conduciendo el barco a más de 65 kilómetros por hora, incluso después de que repetidamente le gritamos que se detuviera.

El tubo sumergido ponía una presión sobre la cuerda de esquí de unos 2.000 kilos y lo partió. Al principio todos pensamos que alguien nos estaba disparando. Sonó como dos disparos.

El primero de los dos sonidos de 'bala' fue cuando la cuerda se rompió y la segunda, cuando me golpeó en la cabeza. Quedé inconsciente y me causó graves lesiones. Soy discapacitada ahora debido a lo que pasó ese día. Me gustaría haber escuchado a mi ángel de la guarda.

Así que animo al lector a no cometer el mismo error que hice yo. Escucha a tu ángel de la guarda – incluso cuando te parezca algo tonto o necio – y no cedas a los deseos de otras personas. Deja que Dios te muestre el camino a través de la guía que El te da a través de tus ángeles de la guarda.

DANA

Se fue mi temor

Yo había sido un cristiano por 5 años y estaba

pasando por un tiempo de verdadera prueba.

Una enfermedad terrible de parálisis y epilepsia afligiría a mi esposa, Alicia, por los próximos cinco años, y nuestro matrimonio sufrió la tensión de los problemas financieros que iban de una crisis a otra.

Perdimos nuestra casa, nuestro negocio y casi nos perdemos uno al otro. Nuestro hijo mayor se fue del hogar en circunstancias muy estresantes y yo experimenté temores que nunca pensé fueran posible.

Yo personalmente me sentí sacudido y golpeado tanto emocionalmente como espiritualmente, y en un par de ocasiones tuvo terribles visitas oscuras en la noche. Por las mañanas me despertaba con miedo y temor - de no poder encarar el día - toda mi confianza se había ido.

Entonces, un día, durante toda esta mezcla de bendición y estrés y miedo, tuve una visitación divina.

Yo había estado buscando trabajo - era invierno y oscurecía alrededor de las 16:30, así que habría sido alrededor de las 17:30 cuando llegué a casa. Alicia y los chicos estaban jugando un juego de mesa en el suelo delante del fuego, el único lugar cálido en la casa - el único calor que teníamos.

Me senté en un sillón a su lado. Por unos momentos me quedé semi dormido. Podía oír el sonido de los niños y mi esposa jugando en el suelo delante de mí. Abrí los ojos a medias momentáneamente sólo para abrirlos del todo enseguida por la visión que vi frente mío.

Yo estaba mirando el espectáculo más maravilloso

como nunca he visto antes o desde entonces. Había una hermosa figura masculina de pie delante de mí. Esta figura tenía unos dos metros y medio de alto y llenaba un rincón de la sala, supervisando todo lo que estaba pasando. El vestía un traje blanco muy moderno, sin arrugas, como si la ropa fuese parte de él – no algo que él llevara puesto. Su pelo era muy blanco/rubio/plateado y no era largo. Me miró con una compasión que me tocó profundamente y yo sentí que me decía (porque en realidad nunca habló audiblemente), "Todo va a estar bien...no tengas miedo."

Después de ese día el miedo que había estado sufriendo desapareció por completo de mi vida. Creo que esa figura era un ángel enviado por el Señor para ministrarme en mi necesidad en lo que parecía una situación desesperada. Sé que el miedo es real a los que luchan con él, pero ahora sé que Dios no nos ha dado un espíritu de cobardía, sino de poder, de amor y de dominio propio.

A veces me siento como el apóstol Pedro que por el temor le falló a Cristo, pero más tarde fue restaurado con valentía. La valentía que me otorgó el ángel nunca me ha dejado - ¡Alabado sea el Señor.

ALBERTO R.

Un ángel en mi hogar

Era un lunes por la noche y estaba ocupada limpiando mi casa cuando me di cuenta de que una araña en el comedor necesita limpieza. Debo mencionar que mi esposo trabaja de noche y siempre estoy sola por la noche. Como ya lo había hecho muchas veces antes, me subía a una silla para limpiarlo. Me había bajado a enjuagar el trapo que estaba usando y luego subí nuevamente a la silla. Cuando levanté la vista para continuar la limpieza de la araña perdí el equilibrio y comencé a balancearme hacia adelante y atrás. Traté de disminuir mi caída y tomarme de un taburete que estaba a mis espaldas pero lo siguiente que recuerdo es golpear el suelo.

Cuando me caía al suelo recuerdo haber oído 'déjate llevar, Bárbara' y luego sentí que me adormecía y entonces me desmayé. No sé cuánto tiempo estuve sin sentido, pero cuando me desperté, me toqué la frente porque me dolía y entonces me di cuenta de una gran cantidad de sangre. Algo me dijo que me sentara y llamara a mis vecinos Walter y Sandra. Por lo general Walter y Sandra nunca contestan el teléfono pero en esta ocasión particular fue su hijo quien contestó y le dije que necesitaba ayuda.

Entonces sentí que alguien me dijo que me levantara y dejara la puerta sin llave y luego regresara donde me caí y me acostara. No sé quién me dijo que hiciera eso, pero ahora creo que eran ángeles.

Fue un ángel que me dijo que me levantara y hiciera la llamada telefónica y fue un ángel que le dijo al hijo de mis vecinos que contestara el teléfono. Así mis vecinos vinieron y me ayudaron y llamaron a mi marido.

¿Cuáles eran mis lesiones? Un corte en la ceja y un gran ojo negro. Nada más. Yo podría haber muerto si no fuera por Dios y sus ángeles.

En el momento de mi accidente había estado luchando con mi fe en Dios y preguntándome si Él y Sus ángeles existían. No hace falta decir que esto me ayudó a darme cuenta de que hay un Dios y que hay ángeles y Dios y Sus ángeles están aquí para ayudarnos.

BÁRBARA

Mi hijo vio un ángel

El 16 de marzo a las 10 de la mañana me desperté y decidí visitar la tumba de mi esposo, Antonio. Mi madre y mi hermana estaban aún durmiendo, así que decidí llevar conmigo a mi bebé, David. Este día en particular cuando llegué allí me di cuenta de que el bebé se había quedado dormido, así que decidí salir del coche, poner las rosas en la tumba de Eddie y salir de inmediato.

Cuando estaba arrodillada colocando las rosas, sentía como si alguien o algo estaba de pie delante de la ventanilla donde estaba David. No sé cómo describirlo, pero realmente tuve el impulso de correr hacia él, pero cuando me acerqué a David, me di cuenta de que estaba sonriendo a la ventanilla, pero no había nada. Así que levanté al bebé y comencé a orar silenciosamente porque estaba un poco asustada.

Mientras caminaba hacia el lugar donde está enterrado Antonio, me senté en el suelo por unos instantes y de nuevo me di cuenta de que David miraba y sonreía a algo y volvía su rostro hacia mí, como si alguien estaba allí llamándolo. No dejaba de hacerlo y en ese momento lo único que pude hacer fue llorar, porque sabía lo que era. Él estaba allí con nosotros.

Lloré y lloré y abrazó a David muy fuerte y lloré todo el camino a casa pero en mi corazón sentí paz. Yo estaba tan sorprendida que no podía hablar con nadie acerca de nada y yo reflexionaba sobre lo que había experimentado. Guardé lo que había ocurrido en mi corazón, pero al día siguiente no pude dejar de decírselo a mi madre.

Creo en mi corazón que Antonio estaba allí con nosotros. No sé por qué, pero él estaba allí y desde entonces me siento mucho mejor. Estoy haciendo cosas que no hacía antes y tengo una actitud más positiva. Ya no lloro tanto como antes. No sé - es como si él me hubiera dado la fuerza que había perdido. Toda mi vida ha cambiado completamente; nadie sabía lo que me estaba pasando.

He logrado salir adelante; me imagino que llevar a David ese día no fue una mala idea después de todo. Él fue capaz de ver lo que yo no podía. Fue algo que sólo sentí. Creo que Dios sabía que mi corazón estaba destrozado y me envió a un ángel temprano en la mañana, para levantar mi espíritu y darme fuerza - la fuerza que había pedido y necesitaba.

Ahora más que nunca sé que los espíritus no mueren, están por todas partes. Ellos viven para siempre, como los ángeles. Sé que muchas personas no creen en tales cosas como lo que yo experimenté pero espero que mi historia pueda ser un consuelo para los demás. Todo esto que he escrito hoy es la verdad, mi verdad maravillosa.

LETICIA

Un talle perfecto

Era el día antes de comenzar mi tercer año en la escuela secundaria. Era un hermoso día afuera, pero no me daba cuenta porque yo sólo podía sentir lástima de mí mismo. No teníamos mucho dinero y estaba acostumbrada a conformarme con poco, Pero esta vez quería un vestido nuevo para el primer día de clases. Caminaba de un lado de mi habitación a la otra sintiéndome muy deprimida. Entonces oí una voz que decía: "¿Por qué te preocupas tanto? Recuerda los lirios del campo. ¿No eres más importante que ellas?" Le respondí: "Sí". Entonces me sentí muy tranquila y feliz.

Unos minutos después, oí que un coche estacionaba en frente de casa y una señora hablaba con mi madre. Después de que el coche se haya ido, mi madre me dijo que bajara. Me dijo que una señora le había dejado una bolsa de ropa. La mujer se lo había comprado para su hija, pero a ella no le habían gustado. Iba a tirar los vestidos pero tuvo un impulso irresistible de traerlos a nuestra casa.

Nunca vimos a la señora de nuevo. En la bolsa había cinco vestidos. Todavía tenían las etiquetas del precio colgando. Soy muy baja de estatura y siempre tengo que levantar el dobladillo. Estos vestidos eran de mi talle y el color adecuado para mi cutis. Lo más sorprendente es que ¡no tuve que levantarles el dobladillo! Algo demasiado asombroso.

No tengo duda de que Dios vio la tristeza de una pequeña y envió un ángel para cambiar las cosas. No hay nada demasiado pequeño para El.

DESCONOCIDO

Una presencia tranquilizadora

Mi vida ha sido dura y dolorosa, pero debido a mi creciente conciencia de mi espíritu y de Dios, se ha transformado en una vida de luz y de amor. Un encuentro tuvo lugar cuando yo tenía 14 años. Yo estaba bastante descuidada por mi madre soltera, que tenía sus propios problemas y no podía darme el amor y el cuidado que todo niño merece. Yo estaba acostumbrada a tener que valerme por mí misma y me encontré vagando por algunas calles oscuras alrededor de las 23 horas, sola y asustada.

No tenía idea dónde me encontraba y tenía miedo de ser violada (como me había ocurrido en otra ocasión) o de ser lastimada de alguna otra manera. Mis 'amigos' me habían abandonado y me habían dejado para que encuentre mi propio camino a casa (yo estaba a kilómetros de distancia y sin dinero).

Yo tenía mi bicicleta de 10 velocidades conmigo, que en realidad no podía montar (estaba intoxicada), y estaba en un raro momento en que me sentía muy vulnerable. (Yo solía ser bastante auto suficiente y fuerte para un adolescente y nunca pedía ayuda a nadie.) Pero ahora yo estaba muy asustada. Tuve una fuerte sensación de que si no conseguía un poco de ayuda pronto, estaría en una situación muy grave. Supongo que oré.

Poco después de ese pensamiento, vi a un sonriente y brillantemente iluminado joven que salía de una de las casas oscuras en esa calle solitaria. Él dijo: "Hola, soy Paul." Bueno, encontré su presencia tranquilizadora y hermosa y me reí. Me dijo que quería ayudarme, y eso es todo lo que recuerdo. Lo siguiente que recuerdo es que me desperté en mi cama en casa sin saber cómo llegué a casa o cómo mi biciclieta también se encontraba en casa conmigo. Todo lo que sé es que tengo una sensación cálida y viva cada vez que pienso en mi ángel, Paul.

DESCONOCIDO

Una escolta celestial

Cuando yo era estudiante de enfermería me tocó cuidar de una señora de mediana edad que se estaba muriendo de leucemia. Ella era una persona solitaria ya que sus hijos no cuidaban de ella y su marido raramente la visitaba (ya tenía una nueva mujer en su vida). Una noche, después de poner cómodo a mi paciente, miré por la ventana y vi una figura en los jardines exteriores. Al tratar de mirar de cerca, la figura parecía desvanecerse, hasta ponerse fuera de foco. Yo lo atribuí al cansancio y alejé todo el episodio de mi mente.

A medida que pasaba el tiempo, y mi paciente se debilitaba más, la figura aparecía más y más regularmente. Le conté a algunos de mis colegas pero se rieron, diciendo que tenía una imaginación demasiado activa. Cada día, me asomaría por la ventana y si la figura estaba allí, le saludaba.

Un día, al llegar a la sala, fui a ver a mi paciente sólo para encontrar la cama vacía. Mi amiga había muerto durante la noche y me preocupé porque esto pasó justo cuando se encontraba sola y posiblemente asustada. Mirando a través de la misma ventana en los días siguientes, nunca vi esa figura nuevamente. Me consuela pensar que este ser que veía por la ventana era el ángel guardián de mi paciente que estaba esperando para escoltarla de esta vida a un lugar de paz y felicidad.

P. HAMILTON

Una oración sanadora

Yo estaba de compras en el centro comercial local con mi hijo de un año de edad cuando ocurrió lo siguiente. Estaba buscando algún producto en los estantes, cuando de un escritorio se cayó un reloj grande y golpeó la cabeza de mi bebé. El reloj rebotó en la cabeza y cayó ruidosamente al lado del cochecito donde estaba. Vi con horror como la fuerza del golpe forzó la cabeza de mi niño pequeño violentamente hacia atrás. Se quedó allí sentado aturdido durante unos instantes y luego se puso a llorar de dolor. No sabía qué hacer. Yo no sabía cuan herido estaba. No estaba sangrando, pero ¡tal vez tenía daños internos! Me quedé allí consolando a mi hijo, con la esperanza de que él estuviera bien. Un anciano afroamericano me dio un golpecito en el hombro. Llevaba una gabardina marrón y un sombrero, y tenía una Biblia bajo el brazo.

- ¿Puedo rezar por él? - me preguntó. Yo sólo asentí con la cabeza. Puso su mano sobre la cabeza de mi hijo y oró en silencio durante unos minutos. Cuando hubo terminado, mi hijo dejó de llorar. Le di un abrazo muy fuerte y me volví para dar las gracias al señor...pero él se había ido. Rápidamente busqué entre los pasillos para encontrar al hombre, pero él no estaba. Había desaparecido sin dejar rastro.

Al día siguiente lo llevé a mi hijo para hacerle una radiografía y resultó estar perfectamente... gracias a mi ángel guardián.

MARIANA

Unas manos ayudadoras

En el verano de 1998, le compramos a nuestra hija Cintia un colchón nuevo para su cama de dos plazas. Lo había subido por las escaleras y estaba tratando de bajar el viejo colchón. Nuestras escaleras pueden ser peligrosas, así que me decía a mí mismo: 'Dina, ten cuidado.'

Mi marido es discapacitado y no ha trabajado en más de cuatro años, y sin mis ingresos estaríamos en la calle. Cuando estaba arriba, miré donde estaban mis tres niños jugando feliz con nuestro pastor alemán, Samba y su papá mantenía una estrecha vigilancia sobre ellos.

Procedí a empezar a mover el colchón viejo por las

escaleras cuando me resbalé y perdí el equilibrio. Comencé a caer. Miles de pensamientos pasaron por mi mente en esa fracción de segundo. '¿Qué pasará si me rompo una pierna o algo peor?' Entonces dije: "Por favor, Dios mío, ayúdame. Envíame un ángel." Bueno, no me envió uno, sino dos.

Sentí dos brazos fuertes y masculinos agarrarme y tomarme por debajo de los brazos y tirar de mí, Sentí otro par de manos agarrar mis tobillos y empujarme con firmeza de nuevo sobre la escalera. Entonces miré, y he aquí que el colchón estaba en el fondo de las escaleras colocado ordenadamente y en posición vertical contra la pared. Salí a pedir a mi marido si él había estado en la casa y me dijo: "No". Y les aseguro que mi esposo no tiene dos pares de brazos.

No cabía en mí de gratitud a Dios por escuchar mi clamor y enviarme Sus ángeles para salvarme y así evitar una tragedia familiar.

DINA

Alentada por un extraño

Estaba teniendo un día muy difícil. Trataba de mantenerme serena y hacer frente a la pérdida de mi verdadero amor y trabajar al mismo tiempo. Pasé unos tres meses hundida en una depresión. Me sentía impotente y llena de dudas. Entonces recordé mi Creador. Me puse de rodillas y le pedí que me haga saber que Él estaba allí y que realmente yo no estaba sola.

Ese día vi siete arcos iris en diferentes momentos. Lo que me hizo reflexionar más fue cuando un desconocido en un coche azul me vio estacionada en la carretera. Yo estaba llorando y orando. Se detuvo al lado de mi coche, me dijo:

- Te vi aquí y quería ver si estabas bien.

- Oh, sí, estoy bien - le contesté. Luego volvió a preguntar:

- ¿Estás segura de que estás bien? - Y de nuevo le respondí:

- Sí - Entonces me dijo:

- Bueno, entonces, que tengas un gran día.

Instantáneamente me sentí animada y le sonreí con lágrimas en los ojos y le devolví el saludo, deseándole a él también un buen día. Al marcharse, los dos nos miramos en los espejos retrovisores - como si algo nos indicara hacerlo. Mientras se alejaba se me ocurrió que podía ser un ángel enviado para comprobar si necesitaba ayuda.

Esta persona, que nunca he visto otra vez, me hizo sentir muy feliz y a gusto. Por el solo hecho de parar su coche y preguntar si yo estaba bien era todo lo que necesitaba para saber que mi Creador se había conectado conmigo a través de un desconocido que estoy segura fue un ángel.

DESCONOCIDO

Ángeles cuidan a mi familia

Uno de nuestros hijos, iba a una fiesta para encontrarse con un amigo pero mi esposa le dijo que no fuera. No obstante, decidió ir lo mismo y se fue en el coche. Cuando iba por la carretera, sentía fuertemente que debía darse la vuelta – como si alguien le estuviera dando indicaciones. Pero él no hizo caso y se preguntaba ¿con quién estaba hablando?

En la salida anterior a la salida que debía tomar, sintió que alguien tomó el volante y llevó el coche a esa salida. Entonces se dio cuenta de que debía escuchar, y regresó a su casa, donde nos contó lo que le había pasado. Nos enteramos al día siguiente, que había habido un tiroteo en la fiesta y su amigo fue asesinado. Supongo que su ángel de la guarda le impidió posiblemente ser asesinado también. ¡Gracias ángel de la guarda!

En otra ocasión, este mismo hijo, iba a encontrarse con una amiga en Dakota del Sur y su madre, de nuevo, le advirtió que no fuera; era invierno y el coche no estaba preparado para el viaje. Esa noche, mi esposa tuvo una visión, donde ella lo vio atrapado en una oscura carretera de Dakota del Sur, en el frío y la nieve. Mi esposa nuevamente pidió a Dios que enviara Sus ángeles para ayudarle. Cuando regresó a los pocos días, mi esposa le preguntó si había pasado algo en el camino. Él dijo que sí y nos contó esta historia.

Se había quedado sin gasolina en una carretera oscura en el medio de la noche y hacía mucho frío. No quería quedarse en el coche, así que empezó a caminar. Un gran camión de 16 ruedas se acercó y le dijo que podía llevarlo a la estación de servicio para conseguir la gasolina.

Y lo llevó allí, le dio un bidón de gasolina y esperó por él, para llevarlo de regresar al coche. Cuando mi hijo estaba poniendo la gasolina en su coche, se dio la vuelta para darle las gracias y el camión - ¡había desaparecido por completo! - sin hacer ruido alguno ni tampoco algún fuerte ruido del motor del camión. Había sido otro de esos ángeles 'disfrazados'.

Otro hijo también tuvo una experiencia especial. Regresaba a casa tarde por la noche en su coche deportivo pequeño, cuando en una intersección mayor, alguien pasó la luz roja y le chocó de costado. El coche tenía una de esas jaulas de hierro que lo rodeaba. Miró el espejo retrovisor, porque estaba presionado y no podía moverse, y vio a alguien que le decía: "No pierdas la fe, alguien ya está en el camino".

Cuando los bomberos llegaron, les dijo que había alguien en el asiento de atrás y le dijeron que no había nadie allí. Supo entonces que era un ángel, ayudándole a no perder el control sobre la situación…¡le salvó la vida!

LARRY

Consuelo

En 2008 o 2009, mi hermana mayor, que vivía en otra provincia estaba muy enferma y en cuidados intensivos. No la había visto en 20 años. Fui a verla junto con mi esposo pero ella no parecía reconocerme. Sin embargo, cuando yo le hablaba de cosas que habíamos hecho juntas (porque después que las dos nos casamos habíamos pasado mucho tiempo juntas), ella se ponía muy quieta y luego sacudía la cabeza y lloraba. Ella ya no podía hablar más.

Volvimos a casa con mi esposo y esa noche, mientras oraba con el corazón quebrantado, le dije a Dios que haga Su voluntad. Por fin me quedé dormida pero luego me desperté de nuevo, vi a Jesús al pie de la cama de mi hermana y dio la vuelta por su lado derecho. Se detuvo en la cabeza, la miró y sacudió la cabeza como diciendo que sí, y siguió rodeando la cama hasta que estuvo a los pies de nuevo, donde había comenzado, y luego desapareció.

Por supuesto que ya estaba despierta, pero cuando cerré los ojos tratando de dormir, tuve una sensación de que alguien me estaba mirando, así que abrí los ojos. Vi a dos ángeles suspendidos en el aire mirándose frente a frente. Me quedé muy quieta para no asustarlos. Estaban uno frente al otro y moviendo sus manos como si estuvieran hablando de algo, pero nunca hablaron. Ellos eran pequeños y tenían hermosos vestidos y los dobladillos eran de oro y brillaban mucho.

Se fueron, y después quedó en nuestro dormitorio el aroma de un delicioso perfume. Me emocioné mucho y lloré mucho y di las gracias a Dios. Ruego a Dios que este relato puede bendecir a algunas personas.

MELINA

Una ayuda para abrir la puerta

Hace muchos años, yo estaba conduciendo a algunos niños, junto con mi hija, a la escuela. Me detuve en la calle en frente de la entrada. Me levanté y les ayudó a todos a cruzar la calle, sin darme cuenta de que había cerrado con llave la puerta. Desesperada, intenté todas las puertas, pero fue en vano. Corrí a la escuela para conseguir una percha y salí corriendo hacia el coche, el cual estaba al ralentí muy rápido. Yo recuerdo haber dicho: "¡Oh, Dios mío, ayúdame por favor!" En ese instante, un hombre vestido con lo que parecía ropa del siglo 19 se acercó y dijo: "Parece que necesitas algo de ayuda." No habló más, pero en un momento ya tenía la cerradura abierta con la percha.

Yo estaba tan feliz y dije: "¡Muchas gracias!" y metí la mano en mi coche para darle un poco de dinero. Tardé sólo un segundo, y cuando levanté la vista se había ido. Miré a mi alrededor en todas direcciones. El área era muy abierta y sin duda se debía ver alejándose pero no había rastro, ¡no podía haber desaparecido tan rápido!

Sé que fue un ángel– mi ángel de la guarda, y nunca voy a cambiar de parecer mientras viva. Otras personas me han dicho lo mismo al encontrarse con un ángel, que simplemente desaparecen, algunos sin decir una palabra y otros hablan un poco y hacen su trabajo y se van en un segundo.

L.B.

Una visita muy especial

Esto me sucedió en el año 1987 cuando estaba internado en el hospital. Tenía pleuresía y neumonía y no estaba nada bien.

Casi todas las noches alguien fallecido. En esas ocasiones siempre ponían unos biombos alrededor de la cama del paciente, para no molestar a las otras personas.

Una noche me desperté y vi a cuatro médicos y una enfermera a los pies de mi cama. Habían puesto los biombos alrededor de mi cama y me di cuenta de que uno de los médicos se sacudía la cabeza. Entonces debe haber perdido el conocimiento de nuevo. Me desperté en algún momento durante la noche porque alguien tomó mi mano y suavemente la acarició. Sentí un peso en mi cama como si alguien se hubiera sentado. Me esforcé para abrir los ojos y entonces vi la criatura más hermosa que jamás había visto - tenía unos largos cabellos rubios, ojos como zafiros de Ceilán, una vestimenta que parecía haber sido hilado del más puro algodón blanco entretejida con hilos de plata y palpitante como si fuese una luz de neón. Alrededor de la cintura llevaba un cinto de oro. La persona me sonrió y asintió la cabeza y me acariciaba la mano como para darme de entender que todo saldría bien. Luego perdí el conocimiento de nuevo, pero no sin antes pellizcarme fuerte para saber si estaba soñando o no.

La mañana siguiente la doctora vino y habló conmigo, diciendo:

- Ayer por la noche no teníamos muchas esperanzas

que pasarías la noche.

Le contesté que yo lo sabía. Ella dijo que yo no podía saber nada, porque yo estaba más muerto que vivo. Ella se sorprendió cuando le describí la escena con los cuatro doctores, (ella era uno de ellos) y la enfermera de pie allí, y los biombos alrededor de mi cama. Entonces le dije que estaba embelesado por la enfermera de noche que había venido a mi cama. Le conté lo que había visto. Ella me dijo que no hablara sobre ello, porque la gente no lo entendería, pero que mucha gente había relatado la misma experiencia justo antes de morir como también los que habían estado cerca de la muerte, pero se habían recuperado.

Fue entonces cuando empecé a reflexionar sobre lo que había experimentado. No pensé que se trataba de un ángel en ese momento. Si hubiera pensado que era un ángel, o si hubiera sido mi imaginación, hubiera imaginado alguien con alas. Éste ser no los tenía. Yo era entonces un joven soldado y no trataba con los seres espirituales.

Ahora estoy convencido de que lo que había visto era un ángel. Había estado despierto, yo me había pellizcado fuerte, yo sabía que era real. Espero que mi historia pueda ser un consuelo para los demás.

HENRY

Un ángel como mi madre

Cuando yo era una niña de cuatro años, mi madre

decidió tomar un trabajo nocturno. Por lo general se quedaba en casa con mi hermano de seis años y yo. Mi padre era conductor de camión a campo traviesa y mi madre frecuentemente se encontraba sola con nosotros dos. Mi madre era hermosa, pero frágil, de ojos azules con el pelo largo y rubio. Yo la describo porque su descripción es importante en esta historia. Mamá encontró una niñera y, sintiendo un poco de miedo, se puso a trabajar una noche.

Odiaba dejarnos, pero necesitábamos el dinero extra. Ni siquiera puedo recordar el nombre de la niñera porque ella no estuvo con nosotros mucho tiempo. Mi hermano, Enrique, y yo fuimos enviados arriba a la cama esa noche y, como hacen los niños pequeños, luchamos contra el sueño y prestábamos más atención a lo que sucedía abajo. El novio de nuestra niñera había venido a visitarla y pronto nos dimos cuenta de que ella se había ido con él. Mi hermano trató de tranquilizarme cuando me puse a llorar. Recuerdo que dejó encendida la luz del pasillo y me decía que mamá estaría en casa pronto, pero yo estaba aterrorizada. Mientras estaba acostada en mi cama, miré hacia el pasillo y en la puerta estaba mi madre. Pude ver su larga cabellera rubia y la preocupación en sus ojos. Me dijo algo tranquilizador - no recuerdo las palabras exactas - y luego se acercó a la cama, me tomó en sus brazos y me meció hasta dormir. Recuerdo que me sentí tan segura y a salvo en sus brazos.

Cuando me desperté en la mañana pude escuchar a mi madre haciendo ruido en la cocina. Me levanté y fui a saludarla, todavía me sentía segura y protegida. Cuando entré en la cocina me saludó como siempre: "¡Buenos días, cielo!" Entonces me preguntó: "¿Dónde está la niñera?" Cuando le respondí que yo estaba tan contenta de que ella había regresado anoche cuando yo estaba tan asustado, sus ojos se agrandaron y ella empezó a preocuparse. Ella acababa de llegar a casa. ¿Entonces, quién me había mecido hasta dormir?

A menudo pienso en esa noche y creo que un ángel tomó el aspecto de mi madre y me tranquilizó. Para mí fue el comienzo de saber que alguien cuida de mí. Muchas veces he sentido esa presencia, pero nunca más vi la cara de mi madre en un ángel.

DACIANA

Una protección angelical

Era un día lluvioso y había una gran pelea. Tuve amenazas contra mi vida. Las personas que se suponía iban a matarme llegaron a mi casa...el momento en que salieron del coche, fue como si Dios hubiera enviado ángeles a protegerme. La lluvia cesó, las nubes se fueron, y se podía ver pequeñas rayos de la luz del sol a través de las nubes restantes...y cuando vi la luz, se puso más y más brillante.

Oí disparos, y luego de eso sentí escalofríos por todo mi espalda. Pensé que estaba muerto, pero los ángeles habían parado las balas, y directamente detrás de mí se podían ver los agujeros de bala en la puerta de mi coche. Pensé que los tiradores habían fallado, pero cuando miré, di tres pasos hacia atrás y los agujeros de las balas ¡tenían la forma de un ángel!

Uno de mis amigos estaba grabando todo el asunto, y luego, cuando lo miramos, en el momento del tiroteo se ve una luz brillante bajar delante de mí. No me había dado cuenta lo que había pasado hasta que vi el video. Soy bendecido.

T. B.

Un ángel salvó a mi abuelo

Mi nombre es Mariana, y esto sucedió alrededor de cinco años antes de que yo naciera. La razón por la que conozco esta historia es porque mi padre me lo contó.

Era verano, y mis abuelos y un tío estaban en la ciudad para visitar a mi madre. No lo querían a mi padre - nunca lo habían querido. Habían estado bebiendo (mi tío, mi papá y mi abuelo), y un argumento estalló sobre mi padre que no cuidaba bien de mi madre. Fue una pelea fea, y fueron a golpes. Mi padre se puso muy enojado, y salió a buscar un arma para matar a mi abuelo. Se fue caminando, porque no tenía coche. Mi padre dijo que caminó muchos kilómetros. De repente, de la nada apareció un coche que se paró junto a él. El conductor le preguntó si necesitaba que le acercara. Mi padre dice que pensó para sí mismo: '¿De dónde salió este coche?' (porque no lo había escuchado acercarse).

"Sí", respondió mi padre, y se metió en el coche. El hombre comenzó a conducir. No le preguntó a mi padre dónde iba (y mi padre tampoco le dijo dónde iba).

El hombre habló acerca de la Biblia, de Jesús, y sobre

los diez mandamientos, y que era un pecado matar e incluso aún guardar en el corazón pensamientos de asesinar. Mi padre sólo escuchaba pensando todo el tiempo que él no le había dicho a este hombre que planeaba conseguir un arma y matar a mi abuelo. Entonces, el hombre se dio la vuelta y se puso en dirección de la casa de mi padre. Lo llevó hasta la puerta de su casa. Pero mi padre no le había dicho dónde vivía. Luego le dijo a mi padre: "Dios te bendiga, hijo ", y mi padre salió del coche. Mi padre caminó hasta la puerta de la casa y se dio la vuelta para agradecer al hombre que le había traído pero no vio nada - el hombre y el coche se habían ido - desaparecido... desaparecieron tan rápido como había aparecido en la calle, sin dejar rastro. Mi padre estaba convencido de que era un ángel, y yo también.

MARIANA

Mi primer embarazo

Era yo una joven adolescente y había estado saliendo con mi novio por bastante tiempo. Me quedé embarazada y vacilamos sin saber bien qué debíamos hacer. Pero éramos demasiado jóvenes para mantenerlo y al final interrumpí el embarazo. Todavía siento que es lo peor que he hecho en mi vida. Sentí muchísima culpa. Cuando todo terminó, volví a la casa de mi novio y lloré hasta quedarme dormida sobe la cama.

Sentí como si me despertara y delante de mí se hallaba la mujer más hermosa sonriéndome. Su presencia me hacía sentir tan bien. Recuerdo haberle extendido mi mano. Vestía de blanco y su cabello era largo y rubio. Su sonrisa infundía mucha paz y amor y perdón, todo al mismo tiempo. Sólo recuerdo que le extendí mi mano y ella también hizo lo mismo y ella tomó la mía.

Hubo una llamada a la puerta y ella giró su cabeza hacia esa dirección y desapareció. Mi novio entró y me despertó con una mirada confusa en su rostro porque me veía sentada en la cama con mi mano extendida. Supe entonces, y todavía sé en mi corazón, que un ángel me visitó. Fue increíble y me ha ayudado mucho.

Quería aclarar que me casé con mi novio de entonces y somos bendecidos ahora con dos hermosos hijos.

ROSALÍA

Podría haber sido fatal

Mi nombre es María. Por alguna razón, quedé con vida después de un trágico accidente automovilístico. Creo que mi ángel de la guarda me protegió todo el tiempo. Aquí está el relato del evento traumático:

El accidente ocurrió en una carretera muy sinuosa que corre a la par de un canal. Un coche pasando por el lado opuesto de la carretera tenía sus luces altas y cegó a mi amiga Lisa (que falleció). Cuando el coche nos pasó, ella se dio cuenta de que nos dirigíamos hacia el canal y corrigió su dirección. Chocamos contra un poste de luz a 95 kilómetros por hora, arrancando el poste de luz entero de la tierra y partiéndolo por la mitad.

La grúa que recogió el coche me dijo que estábamos realmente en el aire…quizás a unos 10 metros antes de golpear el poste, ya que fue una gran caída de la calle a donde estaba el poste. Recuerdo salir de la carretera y luego despertar en el asiento de atrás con lo que yo pensaba era un incendio fuera del coche (los cables eléctricos estaban en llamas).

No recuerdo mucho sobre el accidente, pero yo sí recuerde arrastrarme sobre mi barriga por debajo de los cables mientras éstos saltaban por todas partes en torno a mí. Sabía que tenía que conseguir ayuda. Más tarde me enteré por el médico en la sala de emergencia que los bomberos no podían entender cómo salí del coche sin ser electrocutada, ya que no podían acercarse al coche por 45 minutos hasta que se cortó la electricidad, ya que estaba tan caliente.

No sólo eso, sino que el impacto tendría que haberme hecho más daño. Sólo tenía una muñeca herida, unos golpes y contusiones, y me dieron el alta esa misma mañana.

Uno de mis amigos tomó fotos del coche más tarde el mismo día, y cuando él me los envió, yo sabía que mi ángel había estado conmigo en mi lado del coche. No hay ninguna otra explicación para mí. Mi ángel estaba allí para ayudarme a través de los cables y debe haber acolchado mi lado del coche para protegerme del impacto. Sé que Dios ha planeado algo para mi vida y por eso me salvó de una muerte segura.

MARÍA

Un mensaje de un ángel

Hace algunos años, yo estaba esperando a mi hija después de mucho tiempo de intentar quedar embarazada.

A los cuatro meses me hicieron los análisis de sangre para descartar cualquier problema genético, y me dijeron que había la probabilidad de 1 en 6 que nuestro bebé tuviera síndrome de Down. Esa noticia me turbó profundamente y estaba en estado de shock. Fue durante el período de esperar los resultados, que mi experiencia sucedió.

Estaba en la cama y me desperté, pero con los ojos aún cerrados (si eso tiene algún sentido), y me di cuenta de una luz que llenaba la habitación - como la de un día de verano soleado. No abrí los ojos en absoluto así que no vi nada...y no se oí nada; pero lo que definitivamente puedo decir es que sentí calor y amor (aún ahora me emociono cuando recuerdo ese momento) y una abrumadora sensación de que 'todo va a salir bien'. Me quedé con una sensación de tranquilidad y me volví a dormir. No sé si fue un ángel, pero el mensaje que daba estaba lleno de amor. Lo extraño es que yo sólo lo acepté y no dije nada hasta que vi a mi papá, que me empezó a contar de su 'experiencia extraña de la otra noche', ¡que era idéntica a la mía!

Me alegra poder decir que mi hija está sana y bien. Creo que me dieron un mensaje de Dios y me siento muy privilegiada de haber tenido esta experiencia.

M.B.

Los ángeles me alentaron

Tengo una historia sobre un ángel que me confirmó que en realidad existen.

Hace alrededor de 6 años, mi padre tuvo un ataque al corazón e insuficiencia cardíaca congestiva, por lo que tuvo que someterse a una operación a corazón abierto. Bueno, la noche antes de su cirugía, yo estaba acostada en cama con mi marido y cerré los ojos y le dije:

- ¿Sabes cómo veo a mi papá en este momento?
- ¿Cómo? - me preguntó.
- Veo los ángeles todo alrededor suyo. - le contesté.
- No pienses de esa manera - me dijo.
- No – le dije – no es algo malo, es una cosa buena, porque ellos están felices y brillantes.

Bueno, nunca le conté a mi padre lo que había visto, ni le conté a nadie hasta un mes después de la cirugía cuando mi padre ya estaba en casa. Él no recordaba muchas cosas de inmediato (los médicos dijeron que los medicamentos que le dieron le causaría olvidar algunas cosas, porque era una experiencia tan traumática para él).

Pero un día estábamos hablando por teléfono y empezó a hablar de los ángeles que vio alrededor de su cama la noche antes de la cirugía...y dijo que eran brillantes y felices. Me dieron escalofríos por todo el cuerpo y le dije que yo había visto aquellos mismos ángeles esa misma noche.

Todavía lo recuerdo como si fuera ayer. Ese día Dios me confirmó que los ángeles estaban allí con mi padre. Y pude entender que nuestro vínculo era tan fuerte que me dejaron verlos también para que supiera que él iba a estar bien.

MERCEDES

En los columpios

Cuando tenía 7 años, mi primo, Carlos tenía 5 y estaba muy enfermo. Mis padres nunca me contaron lo que le pasaba. Años más tarde me enteré de que tenía cáncer. Después de su muerte mis padres me dijeron que no hablara de él. Todo era silencio - yo estaba tan confundido - nadie me decía dónde se había ido Carlos. Antes, cuando mi familia iba a visitar a la familia de Carlos, solíamos salir juntos a jugar y siempre quería que nos hamacáramos en los columpios.

Un día, después de su muerte, fuimos a su casa para una visita y me sentía tan solo. Decidí salir y hamacarme en el columpio. Mientras estaba sentado allí recordando cómo solía ser, Carlos se acercó a mí y un ángel lo llevaba de la mano. Ella tenía un hermoso cabello largo y rubio y vestía una larga túnica blanca. Ella nunca dijo nada, se limitó a sonreír, pero Carlos me miró y me dijo: "Ya no tengo más dolor". Él y el ángel se dieron la vuelta y caminaron hasta que simplemente se desvanecieron.

DESCONOCIDO

Un ángel llamado Juan

Fui elegida para presidir la reunión anual de aniversario de mi iglesia. Quería que fuese diferente este año- no simplemente otra reunión más. Dios había puesto en mi corazón el deseo de producir y dirigir una obra de teatro.

Por desgracia, las cosas no iban bien. Los actores del reparto habían sido elegidos y los ensayos habían comenzado. Pero, luego algunos del elenco comenzaron a retirarse y los que quedaban no estaban comprometidos a asistir a los ensayos.

Y bueno, esa situación me llegó a colmar y decidí que iba a cancelar todo, y lo hubiera hecho pero el pastor no me lo permitió. Me dio una directiva: la obra iba a llevarse a cabo y por lo tanto yo debía tomar las medidas necesarias para garantizar la misma.

Acepté a regañadientes. Asigné a nuevos actores y luego salí de compras para comprar los trajes y algunos artefactos. Un viaje a la tienda para comprar la tinta para mi impresora me dio la confirmación y la motivación que necesitaba para mantenerme en la lucha y terminar lo que había empezado.

Al entrar en la tienda con mi esposo, Miguel, un hombre que llevaba el uniforme distintivo de la tienda, se acercó a nosotros y nos preguntó:

- ¿Puedo ayudarle a encontrar algo? - Nosotros le contestamos pidiéndole que nos ayudase a localizar la tinta para nuestra impresora.

Él nos llevó al pasillo correcto y nos dio la tinta que necesitábamos. Lo invité a la obra de teatro como nuestro invitado especial. Él preguntó cuál era el nombre de la obra y le contesté que se llamaba "Ir al Infierno y Volver". Me miró y me dijo:

- Eso es interesante porque he estado allí varias veces.

No tuve la sensación de que el hombre era un extraño y mi marido, que normalmente sería

escéptico, se interesó en lo que el hombre tenía que decir. Mi marido animó la conversación diciendo:

- Oh, de verdad. ¿Y cómo es?

El hombre nos contó cómo es el infierno, y nos dio una vívida descripción de cómo es ser un pasajero y residente allí. Nos contó que el infierno es un lugar difícil de describir y de expresar en términos humanos. Él nos habló de un lugar oscuro con un pozo sin fondo con sonidos de gritos, llanto y crujir de dientes como se describe en el libro de Apocalipsis. Nos dijo que cuando él ve y conoce a las personas él puede mirar a los ojos y saber si van a pasar la eternidad en el cielo o en el infierno.

Él tenía el corazón de un ganador de almas, y dijo que le ponía muy triste cuando conocía a alguien que no iría al cielo. Mi marido le preguntó si nos podía decir si nosotros iríamos al cielo o al infierno. Hizo caso omiso de la pregunta y siguió compartiendo con nosotros sobre el infierno y cómo las muchas almas allí siempre están cayendo, pero nunca llegan al fondo del pozo. Describió el infierno como el lugar más horrible posible y comparando la temperatura entre extremadamente frío y extremadamente caluroso.

Era como si el tiempo se hubiera detenido mientras estábamos en el pasillo de la tienda de suministros Office Depot, siendo hipnotizado por este desconocido, que había estado en lugares desconocidos por nosotros y que le agradaba compartir sus experiencias.

El hombre también nos dijo que había estado en el cielo muchas veces y nos contó acerca del cielo. La descripción que nos dio de los cielos es semejante a la visión de Juan en el Apocalipsis. Sentí que estaba hablando desde su experiencia personal y no basado en algo que había leído o algo que otros le habían dicho. Sentí como si estuviera recibiendo una lección de geometría mientras hablaba sobre las dimensiones del cielo, los cuadrados cúbicos y diámetros. También describió las calles hechas de oro.

En mi opinión, él habló de conceptos más allá de la comprensión humana. Habló de cómo en el cielo, las personas son capaces de hablar con sus pensamientos y cómo los pensamientos son transferidos de una persona a otra sin mover sus labios. Habló sobre la belleza de la naturaleza y cómo cuando se pisa el césped no se marchita y al instante se endereza nuevamente porque no hay muerte allí.

Este hombre tenía un espíritu tan increíblemente cálido. El amor y la paz que uno sentía por sólo estar en su presencia eran indescriptibles. Era como que nos llevó al cielo y al infierno y de regreso mientras nos ayudaba a pintar cuadros mentales según sus descripciones, de manera que nos dejó una impresión que nunca podrá ser borrado.

Después de hablar con él durante más de una hora, finalmente le pregunté su nombre. Dijo que se llamaba Juan y no nos proporcionó ninguna otra información. Yo quería seguir en contacto con él y le pregunté cómo era posible ponerse en contacto con él. Él nos dio respuestas vagas. Nos dijo que viajaba mucho y no estaba en un lugar por un largo período de tiempo. Entonces le pedí si podía darnos un número de teléfono para que le pudiera recordar de mi obra de teatro en la iglesia y mi invitación. Una vez más, reiteró que viajaba mucho y que no era posible comunicarse con él por teléfono. Le pregunté si quería asistir a la obra de mi iglesia. Me miró, sonrió y se limitó a decir: "Tal vez; nunca se sabe."

En ese momento le dije que tenía un folleto en el coche con el nombre de mi iglesia y otra información por si su agenda le permitiera asistir. Al alejarnos, mi esposo y yo, para ir a buscar el folleto, nos interrumpió mediante la sugerencia de que iría con nosotros. Su sugerencia fue abrupta. Pensé que era un poco extraño pero no le di mucha importancia.

Juntos, los tres, salimos de la tienda y mientras caminábamos hacia el coche Juan señaló a los pies de Miguel y dijo:

- Está allí - hay un corte en la planta de tu pie. - Puso las manos sobre los hombros de mi marido y oró por él. (La noche antes, mi marido había pisado un trozo de vidrio roto que dejó una herida en la planta del pie. El corte era grave y nos preocupaba que no hayamos ido inmediatamente a la sala de emergencias para que le hicieran puntos).

Le dimos a Juan el folleto y luego nos metimos en el coche, sorprendidos y maravillados por lo que acababa de sucedernos. Nos miramos el uno al otro y nos preguntamos: "¿Quién era ese?" Mi marido comentó que la sugerencia de Juan de acompañarnos hasta el coche fue algo brusco y nos preguntamos por qué habrá insistido en ir con nosotros. Ambos comentamos que parecía como si el tiempo se detuvo en la tienda Office Depot y cómo pudimos hablar con este hombre, que supuestamente estaba en horario de trabajo, por más de una hora sin interrupciones de otros empleados ni de otros clientes.

Cuando llegamos a casa, mi esposo notó que el corte severo en la parte inferior de su pie se había sanado y con poca evidencia de una cicatriz. Unos días más tarde, pensamos volver a la tienda para preguntar por el empleado llamado Juan, pero decidimos no hacerlo porque ya sabíamos todo lo que era necesario saber.

Siempre creeré que Juan fue mi ángel guardián enviado para proveerme dirección, darme fuerza y estímulo para continuar con la producción de la obra para que muchas almas pudieran salvase de un infierno ardiente.

H.A.

Lucecitas parpadeantes

Yo tenía cinco años cuando a mi hermana Carla le diagnosticaron Lupus. Acababa de cumplir 18 años. Recuerdo una historia que mi madre me contó hace unos años. Carla estaba tan enferma y estaba teniendo convulsiones. Cada vez que ella comenzaba a tener un ataque, ella levantaba la vista a mamá y le decía: "mamá ora". Mi madre oraba cada vez, y todas las noches.

Una noche en particular, Carla estaba tan enferma y no podía dormir muy bien. (Mamá y Carla dormían en la misma habitación) Esa noche mamá oró que el Padre Celestial enviara a su mejor ángel para cuidar de Carla para que ella pudiera descansar una noche completa. Carla estaba durmiendo y mamá acababa de dormirse cuando algo la despertó. La habitación estaba a oscuras, pero junto a la cama de Carla pudo ver algunas luces parpadeantes de color azul claro. Ella se asustó y encendió la luz y con eso las lucecitas desaparecieron.

Hasta el día de hoy ella desea no haber encendido la luz porque que tal vez así podría haber visto exactamente lo que eran esas lucecitas.

Carla durmió toda la noche sin tener ataques o achaques. Mamá estaba tan agradecida y le da tanta paz sabiendo que un ángel estaba allí con ella esa noche. Ella cree que hubo un ángel con Carla todos los días de su vida.

Te amo hermanita, y algún día nos volveremos a encontrar.

NORA R.

"Estoy contigo"

Cerca del final del segundo semestre en la universidad yo estaba hecha un desastre. Tenía muchísimas pruebas, había un montón de lecturas y tareas que hacer, y simplemente no tenía el tiempo para hacerlo todo.

Hacía sólo un par de meses que había aceptado a Cristo en mi vida y aún me era difícil tener fe en Dios y dejar que Él se encargue de todo. En realidad iba a mi mejor amiga con todas mis preguntas y problemas en lugar de pedirle a Dios. Mi amiga me insistía que debía compartirle a Dios mis problemas, pero tenía miedo de hacerlo porque no estaba seguro de si Él escucharía o respondería; y si respondiera tenía miedo de que yo no sería capaz de oírle o entender lo que me decía.

Un día, en medio de todo esto, decidimos ir hasta el centro comercial y caminar para tratar de aliviar un poco la tensión. Acabábamos de tener una conversación acerca de mi problema de no acercarme a Dios y tenía el estómago en nudos mientras pensaba en todas las cosas que estaban sucediendo en mi vida y cómo me sentía tan estúpido por ser incapaz de confiar y creer que Dios quería ayudarme.

Ahora la siguiente parte no tiene sentido a menos que explique un poco acerca de mí mismo. Me encantan los animales. Tengo una lista de cosas que quiero hacer antes de morir y la mayoría de ellos implica un animal de alguna manera. Quiero nadar con delfines salvajes, quiero acariciar un tigre adulto, un león, una pantera (casi todos los grandes felinos). Quiero nadar con algunos leones marinos entrenados y una ballena asesina. Una de las pequeñas cosas que siempre quise hacer era ser como una princesa de Walt Disney en el sentido de que la mayoría de esas princesas, en algún momento u otro en la película, llegan a tener un pajarito silvestre posarse en su dedo. He tenido ese deseo desde que tenía cinco años.

Mientras caminábamos hacia el primer conjunto de puertas que conducían al centro comercial, un pequeño pájaro salvaje voló y golpeó el segundo conjunto de puertas y cayó sobre el borde de la papelera. Lo vi y estiré el dedo hacia él, esperando que se asustara y empezara a volar por la habitación, pero en cambio, me miró, y luego miró mi dedo, y luego saltó sobre mi dedo y se sentó allí. Me quedé sorprendida como también mi amiga. Ella abrió la puerta que conducía hacia fuera para mí y salió a la calle para que el pajarito volara, pero no lo hizo. Quedó sentado allí sobre mi dedo y miró a su alrededor. Levanté mi dedo en el aire para que se sintiera un poco más libre, pero aún permanecía allí. Algunas personas comenzaron a reunirse y a mirar, y, finalmente, el pajarillo atrapó el viento, y voló a la distancia, piando. Yo estaba tan emocionada.

No sólo podía cruzar una meta de mi lista (ya estaba cumplida), sino que también habían desaparecido las molestias de mi estómago y ya no estaba preocupada por las cosas que me habían estado torturando sólo unos momentos antes. Mi amiga me miró y me dijo que Dios me había dado el deseo de mi corazón para mostrarme de que Él está conmigo y que Él me ama, y ella tenía razón.

Para todos puede parecerse un regalo muy pequeño pero para mí no lo era. Había experimentado algo fuera de lo usual. Me hizo darme cuenta de que Él me conoce, conoce mis deseos y necesidades mejor que yo. Nada es demasiado pequeño para Él. Ahora sé que Él me ve y me da todo lo que necesito, y que Él está y siempre estará conmigo.

REBECA

¡Atrapados!

Después de mudarme a Iowa en 1994, viajaba dos veces al año a Arkansas para visitar a mi madre. Al poco tiempo, aunque no recuerdo bien el año viajé con mis cuatro niños. Yo sé que fue antes de 1997 porque eran pequeños y los cuatro cabían bien en el asiento de atrás. En esa ocasión, mi hermano decidió en el último minuto, ir con nosotros. En el camino de regreso y pasando por el estado de Kentucky sucedió lo siguiente.

Mientras nos dirigíamos a alrededor de 110 kilómetros por hora en una autopista de 4 carriles, vi un letrero que decía que el carril izquierdo terminaba, luego una señal que indicaba que la carretera se dividiría en dos carreteras de 2 carriles cada uno. Así que pensé que el carril de la extrema izquierda de los 4 carriles era el que finalizaba y eso no me afectaba porque mi carretera utilizaba los dos carriles de la derecha. No fue hasta que vi la furgoneta delante mío saltar los carriles y colocarse delante del primero de dos camiones, conduciendo a la par nuestra, que me di cuenta que el carril de la izquierda (después de la separación) donde yo me hallaba, terminaba abruptamente y me encontraba atrapada en un arcén, conduciendo a 110 kilómetros por hora, con dos camiones en el único carril de conducción a mi derecha.

La valla de contención se acercaba rápidamente y sabía que no tenía suficiente espacio para parar y no golpearla de frente, y que me haría embestir los dos camiones. Así que traté de acelerar por delante de la segunda de los dos camiones y meterme entre ellos. Tenía miedo de frenar demasiado fuerte porque el camión de atrás mío me chocaría por detrás, así que estaba demasiado cerca cuando cambié de carril y también tenía muy poco espacio por delante del coche.

Esto hizo girar el coche, de manera que ahora nos íbamos a más de 110 kilómetros por hora pero hacia atrás, atrapado entre los dos camiones que se dirigían hacia delante. Por un instante me quedé sorda y ciega, entonces escuché a mi hija diciendo una y otra vez "mamá, haz que se detenga; mami, haz que se detenga", pero yo todavía estaba cegada, por una luz brillante que inicialmente atribuía a las luces del segundo camión que ahora se encontraba enfrentándome. Nuestros vehículos estaban uno frente al otro, mi coche iba hacia atrás y el camión iba hacia adelante.

Entonces sentí unas manos fuertes (que iban desde los hombros hacia abajo) sobre mis manos en el volante, y otro pie tomó control de mi pie derecho. En ese instante las otras manos me hizo girar rápidamente el volante hacia la izquierda y el otro pie me hizo presionar primero el acelerador y luego el freno. Mi coche salió disparado de entre los dos camiones, saltó hacia el arcén de la derecha y se detuvo en la hierba mirando hacia adelante. Los conductores de los camiones se detuvieron tan pronto como pudieron y corrieron hacia el coche.

Mis hijos estaban llorando. Mi hermano tomó las llaves del coche y apagó el motor; luego bajó del coche. Yo estaba sentada aferrada al volante y los nudillos blancos. Los camioneros llegaron al coche y nos dijeron que pensaban que estábamos todos muertos.

- Vaya. ¡Qué conductor, este muchacho! - Mi hermano les dijo que él no era el conductor, y señaló el interior del coche. Aún estaba yo agarrando fuertemente el volante.

Mi mente no dejaba de pensar lo que podría haber sucedido (mis cuatro hijos muertos, mi hermano muerto, yo muerta) y lo que en efecto pasó. Supe que había sentido la mano de Dios y que Él había salvado todo lo que amaba en este mundo. Gracias a Dios, Su gracia y misericordia son nuevas cada mañana.

Yo seguía sentada con los nudillos blancos aferrados al volante cuando la policía llegó unos 30 minutos más tarde y fueron 10 años antes de que yo me atreviera a conducir en Kentucky de nuevo.

CANDY

Mi ángel almohada

Hace aproximadamente 3 años, mi hijo, Alfonso tenía unos 5 meses de edad y mi hija, Susy, tenía unos 3 y medio. Ella estaba en el asiento trasero de nuestro coche.

Alfonso estaba sentado adelante junto a mí en su asiento especial con el cinturón de seguridad. Yo iba a una concesionaria para entregar mi coche en cambio por uno más nuevo.

Estaba saliendo de la autovía cuando Alfonso dejó caer su chupete. Al extenderme para alcanzarlo y ponérselo de nuevo en la boca, miré hacia arriba y no había distancia para frenar entre mí coche y el coche delante de mí.

No te miento…vi a mi ángel guardián. Por un momento breve apareció delante de mí una figura de oro que brillaba intensamente con unas 'alas' y una vestidura preciosa. Y yo debería haber chocado el coche delante de mí. Pero se sintió como si me hubiera chocado con una gran almohada mullida. Y mi hija lo vio también,

- Mamá, ¿viste el ángel? - dijo.

- La viste tú también - ¿no? - le pregunté.

Esto es lo raro. No pude recoger nuestro coche nuevo todavía … hubo papeleo que necesitaba ser firmado, etc. Así que debía volver al día siguiente. Entonces volví a casa y no tuve ningún problema en el camino pero, directamente enfrente de mi departamento el coche 'murió'. Simplemente no quiso andar. Es como si yo estacioné el coche y allí mismo 'murió'.

El día siguiente vino un amigo para tratar de iniciarlo ya que tenía que volver a la concesionaria para terminar el trámite del intercambio. Me dijo que tenía un problema eléctrico.

- Nunca antes he tenido un problema eléctrico con el coche...algunos problemas en el sistema de refrigeración, pero siempre lo hice arreglar.

-No, es eléctrico...y no lo puedo arreglar...podría costar cientos de dólares hacerlo arreglar. Sería mejor que te consigas un remolque.

Creo que el ángel no sólo nos salvó de un accidente en la autovía sino que se quedó con nosotros todo el trayecto hasta llegar a casa a salvo con mis niños. Tan pronto como estacionamos el coche en frente de casa, entonces fue cuando se marchó – se había asegurado que habíamos llegado a salvo a casa.

Al día siguiente tuve que llamar a mi madre para que me llevara a la concesionaria y ellos enviaron un remolque para llevar el coche.

Dios nunca falla...y toda mi vida, mi ángel de la guarda ha estado cuidándome a mí a mis niños.

LILIANA

Ladrones en la casa

Tenía alrededor de 9 años de edad en 1993, y vivía con mi madre soltera que a veces no podía pagar por una niñera. Si no hubiera sido por esa voz que oí, me parece que lo más probable no estaría contando esta historia.

Ese día en particular, mi madre debía la renta, por lo que no podía pagar una niñera. Yo era consciente de qué hacer y qué no debía hacer. Yo sabía lo que hacer en caso de emergencia, llamar al 911, y no abrir la puerta a nadie. Honestamente, yo no tenía miedo quedarme a solas con mi hermana de 7 años porque quería ayudar a mi madre. Por lo tanto, me sentí cómoda ya que sabía cómo usar el horno de microondas para comer. Yo era el tipo de chica que haría todo lo que le decía su madre. Y no se nos permitía salir a la calle el día en que nos quedábamos solas en casa.

Pero de repente, cuando estaba viendo dibujos animados con mi hermana, escuché una voz que me llamaba por mi nombre diciendo que tenía que llevar a mi hermana e ir a la casa de los vecinos. Por lo general, cuando nos íbamos a la casa vecina tomaríamos nuestras muñecas con nosotros – no podíamos salir sin ellas.

Entonces, tomé la mano de mi hermana y le dije que teníamos que salir de allí inmediatamente porque esa voz me decía que lo haga. Mi hermana vaciló un poco y dijo que nuestra madre nos había prohibido salir de la casa. Además me preguntó por qué quería desobedecer a la mamá.

Una vez más escuchamos esa voz que sonaba como la voz de nuestra madre o de nuestra vecina. No podíamos decir específicamente de quién era la voz pero estábamos seguras de que se trataba de una voz familiar. Mi hermana también escuchó la voz y salimos de allí inmediatamente. Huimos de nuestra casa cogidos de la mano y corriendo a nuestros vecinos, sin entender por qué estábamos corriendo, pero sabíamos que su casa era el destino.

Al llegar a la casa vecina le preguntamos a nuestra amiguita si quería jugar y nos dijo que sí. Pero entonces nos dimos cuenta que nos habíamos olvidado las muñecas.

Así que le dijimos que nos íbamos a casa para buscarlas. De repente, su madre se acercó a la puerta y nos hizo varias preguntas y finalmente le dijimos que no teníamos niñera. Ella nos quería acompañar a nuestra casa por alguna extraña razón. Digo extraña razón porque vivíamos al lado.

De pronto, al abrir la puerta de la casa de los vecinos vimos esta persona alta salir por la ventana de nuestra casa y robando nuestro reproductor de vídeo. Mi hermana y yo nunca hubiéramos desobedecido a mi madre huyendo de casa de esa manera y mucho menos dejar atrás nuestras queridas muñecas. Afortunadamente, esa voz nos hizo salir. No hay duda de que Dios había enviado un ángel aquel fatídico día para salvarnos.

No hay duda en mi mente que la voz que oí era de un ángel. Sonaba como la voz de mujer y familiar y tranquila como si estuviera hablando a nosotros en nuestro oído – de modo que no nos asustamos sino que deseábamos obedecer. Ese día comprobamos que un ángel nos estaba cuidando. Nunca más nos quedamos solas ni tuvo que pagar mi madre. La gente quería cuidar de nosotros de forma gratuita. Tal vez eso sucedió para que no sea tan difícil para mi madre.

EUNICE

¡Un regalo gratis para ti!

Tu oportunidad de aceptar a Cristo

Esta oportunidad cambiará tu vida - ¡para siempre!

Puede que estés preguntando ¿Por qué tengo que aceptar a Cristo? ¿Qué significa eso? ¿Qué tengo que hacer?

Aceptar a Cristo significa invitar a Jesús en tu vida, en tu corazón. Jesús vino por una razón - para salvarnos de la muerte eterna al morir por nosotros - tu y yo! ¿Por qué? Debido a que somos pecadores - lo que significa que todos hemos quebrantado uno o más de los mandamientos de Dios.

Pero, puedes decir:

* Yo soy una buena persona. ¿Por qué necesito a Jesús?

* Voy a la iglesia - ¿no es eso suficiente?

* Soy demasiado malo para ser salvo.

* No puedo vivir así.

* Sólo tengo que arreglar algunas cosas primero.

* Soy demasiado joven, o soy demasiado viejo.

Puedes estar pensando que eres una 'buena' persona, pero...la Biblia afirma:

Todos pecaron y por eso no pueden participar de la gloria de Dios. Romanos 3:23

No hay nadie que haga el bien. ¡Ni uno solo! Romanos 3:12

Ir a la iglesia tampoco es suficiente:

Ustedes fueron salvos gracias a la generosidad de Dios porque tuvieron fe. No se salvaron a sí mismos, su salvación fue un regalo de Dios. La salvación no es algo que ustedes hayan conseguido, pues nadie puede decir que se salvó a sí mismo. Efesios 2:8,9

¿Dices que eres 'demasiado malo'?

Pues yo no he venido a invitar a los buenos a que me sigan, sino a los pecadores. Mateo 9:13

Todos pueden estar seguros de que esto es cierto: Jesucristo vino al mundo para salvar a los pecadores, siendo yo el peor de ellos. I Timothy 1:15

Jesús no vino a salvar personas 'buenas'. Vino a salvar pecadoras.

Si confesamos nuestros pecados, Dios nos perdonará. Él es fiel y justo para limpiarnos de toda maldad. I Juan 1:9

¿Piensas que eres demasiado joven? ¿Demasiado viejo? ¿Tu vida ahora está desordenada?

Vengan a mí los que estén cansados y agobiados, que yo los haré descansar. Mateo 11:28

¡Escuchen! Este es el momento preciso. Hoy es el día de salvación. II Corintios 6:2

Bien. ¿Ahora qué?

¿Cómo puedo aceptar a Jesucristo para ser perdonado y tener vida eterna?

* Reconoce que todos somos pecadores y necesitamos perdón.

Todos pecaron y por eso no pueden participar de la gloria de Dios. Romanos 3:23

* Admite tus pecados y arrepiéntete. Debes admitir a Dios que eres pecador y confesar tus pecados.

Si confesamos nuestros pecados, Dios nos perdonará. Él es fiel y justo para limpiarnos de toda maldad. I Juan 1:9

Cambien su manera de pensar y de vivir, vuélvanse a Dios y él les perdonará sus pecados.   Hechos 3:19

* No sólo hace falta confesar nuestros pecados sino que también necesitamos arrepentirnos que quiere decir,

alejarnos del pecado.

* Cree que Jesús es el Hijo del Dios viviente y que Él murió por tus pecados.

Dios nos demostró su amor en que Cristo murió por nosotros aun cuando éramos pecadores. Romanos 5:8

* Recibe a Jesús como Señor y rinde tu vida a Él.

Serás salvo si reconoces abiertamente que Jesús es el Señor y si crees de todo corazón que Dios lo levantó de la muerte. Romanos 10:9

¿Estás listo para tomar la decisión más importante de tu vida?

Si es así y entiendes lo que acabas de leer, entonces lo único que tienes que hacer es pedirle a Jesús que te salve. Ora la oración siguiente o usa tus propias palabras.

"Señor Jesús, Sé que soy pecador y que estoy separado de Ti. Creo que moriste por mí en la cruz y que resucitaste para darme la vida eterna. Te pido que perdones mis pecados y tomes control de mi vida. Jesús, te invito a que entres en mi corazón y vivas en mí. Gracias por salvarme y hacerme hijo tuyo. Amén"

Ahora que has hecho la oración ¿qué sigue?

¡Bienvenido a la familia de Dios!

El paso siguiente es contarle a alguien de tu fe en Cristo. Busca una iglesia local que te ayudará a crecer en tu fe y vida espiritual y también para tener comunión con otros creyentes. Pasa tiempo con Dios cada día, leyendo y estudiando la Biblia. Habla con Dios, tu Padre – El conoce todo de ti.

Recuerda que la salvación es gratuita, es un regalo y una manera de vida. Dios nos ha dado este plan porque nos ama tanto y quiere darnos vida para siempre.

ESTIMADO LECTOR:

Nos interesa mucho sus comentarios y opiniones sobre esta obra. Por favor ayúdenos comentando sobre este libro. Puede hacerlo dejando una reseña en la tienda donde lo ha adquirido.

Puede también escribirnos por correo electrónico a la dirección info@editorialimagen.com

Si desea más libros como éste puedes visitar el sitio web de **Editorialimagen.com** para ver los nuevos títulos disponibles y aprovechar los descuentos y precios especiales que publicamos cada semana.

Allí mismo puede contactarnos directamente si tiene dudas, preguntas o cualquier sugerencia. ¡Esperamos saber de usted!

Más libros de interés

Dios está en Control - Descubre cómo librarte de tus temores y disfrutar la paz de Dios

En este libro, el pastor Jorge Lozano, quien nació en México y vive en Argentina desde hace más de 20 años, nos enseña cómo librarnos de los temores para que podamos experimentar la paz de Dios.

La Ley Dietética - La clave de Dios para la salud y la felicidad

Es hora de que rompamos la miserable barrera nutricional y empecemos a disfrutar de la buena salud y el bienestar que Dios quiere que tengamos. Al leer este libro descubrirás los fundamentos para edificar un cuerpo fuerte y sano que dure mucho tiempo, para que disfrutes la vida y para que sirvas al Señor y a su pueblo por muchos años.

Gracia para Vivir - Descubre cómo vivir la vida cristiana y ser parte de los planes de Dios

Martin Field, teólogo del Moore Theological College en Sidney, Australia, nos comparte en este libro sobre la gracia que proviene de Dios. La misma gracia que trae salvación también nos enseña cómo vivir mientras esperamos la venida de Jesús.

El Poder Espiritual de las Siete Fiestas de Dios - Descubre la relevancia que estas celebraciones tienen para el cristiano y los eventos futuros.

La perspectiva espiritual se agudiza llevándonos a comprender que los designios de Dios, muchas veces, son más complejos que lo que aparentan ser a primera vista. Esto es lo que podemos ver en las fiestas que Él dio al pueblo de Israel en el tiempo de Moisés. Cada una de las fiestas tiene un significado y un propósito más allá de ser una simple celebración.

Perlas de Gran Precio - Descubriendo verdades escondidas de la Palabra de Dios

Una perla que se produce en el mar tiene un valor muy alto. El proceso comienza es un diminuto grano de arena y con el tiempo se convierte en algo muy bello que muchos buscan y codician. Este proceso ha llevado su tiempo – ¡puede ser hasta 10 años! Por esa razón una perla genuina es un objeto muy costoso y encontrarla es un verdadero triunfo.

Vida Cristiana Victoriosa - Fortalece tu fe para caminar más cerca de Dios

En este libro descubrirás cómo vivir la vida victoriosa, Cómo ser amigo de Dios y ganarse Su favor, Lo que hace la diferencia, Cómo te ve Dios, Cómo ser un guerrero de Dios, La grandeza de nuestro Dios, La verdadera adoración, Cómo vencer la tentación y Por qué Dios permite el sufrimiento, entre muchos otros temas.

www.ingramcontent.com/pod-product-compliance
Lightning Source LLC
LaVergne TN
LVHW011712060526
838200LV00051B/2875